谨此
向新中国无私捐献文物的爱国人士致敬

图书在版编目（CIP）数据

新中国捐献文物精品全集. 徐悲鸿、廖静文卷. 中 / 中国文物学会主编. — 北京 : 文津出版社，2015.1
ISBN 978-7-80554-593-6

Ⅰ. ①新… Ⅱ. ①中… Ⅲ. ①文物—中国—图集②中国画—作品集—中国—现代 Ⅳ. ①K870.2

中国版本图书馆CIP数据核字（2014）第250563号

新中国捐献文物精品全集 徐悲鸿/廖静文 卷 中
XIN ZHONGGUO JUANXIAN WENWU JINGPIN QUANJI XU BEIHONG/LIAO JINGWEN JUAN ZHONG
中国文物学会 主编
*
北京出版集团公司
文津出版社 出版
（北京北三环中路6号）
邮政编码：100120
网址：www.bph.com.cn
北京出版集团公司总发行
新华书店经销
北京顺诚彩色印刷有限公司印刷
*
889毫米×1194毫米 16开本 19.125印张 208千字
2015年1月第1版 2015年1月第1次印刷
ISBN 978-7-80554-593-6
定价：480.00元
质量监督电话：010-58572393

国家出版基金项目
NATIONAL PUBLICATION FOUNDATION

新中国捐献文物精品全集

徐悲鸿/廖静文 卷 中

中国文物学会 主编

北京出版集团公司
文 津 出 版 社

新中国捐献文物精品全集

徐悲鸿/廖静文　卷

目录

徐悲鸿书画作品

徐悲鸿文选

徐悲鸿书画作品

马与马夫

纵62.3厘米　横46.3厘米

现藏徐悲鸿纪念馆

素描。以炭笔画一位老者在收拾马具，人、马形态准确传神，体现了很高的造型能力。画右下角签名“悲鸿”。应是徐悲鸿早期留学欧洲时所作。

黑马

纵38厘米　横24.5厘米

现藏徐悲鸿纪念馆

素描。画一匹黑色骏马背身站立，头、尾摆动。徐悲鸿以水墨画马著称，此应是其早年之笔，可见其对马匹的形态、动作用功之深。

男人体

1924年

纵50厘米　横32.4厘米

现藏徐悲鸿纪念馆

素描。画欧洲男子抱膝而坐，形态精准，神情毕肖。题“甲子（1924年）岁始，悲鸿作于巴黎”，钤印“悲鸿”。是徐悲鸿留学欧洲时所作。

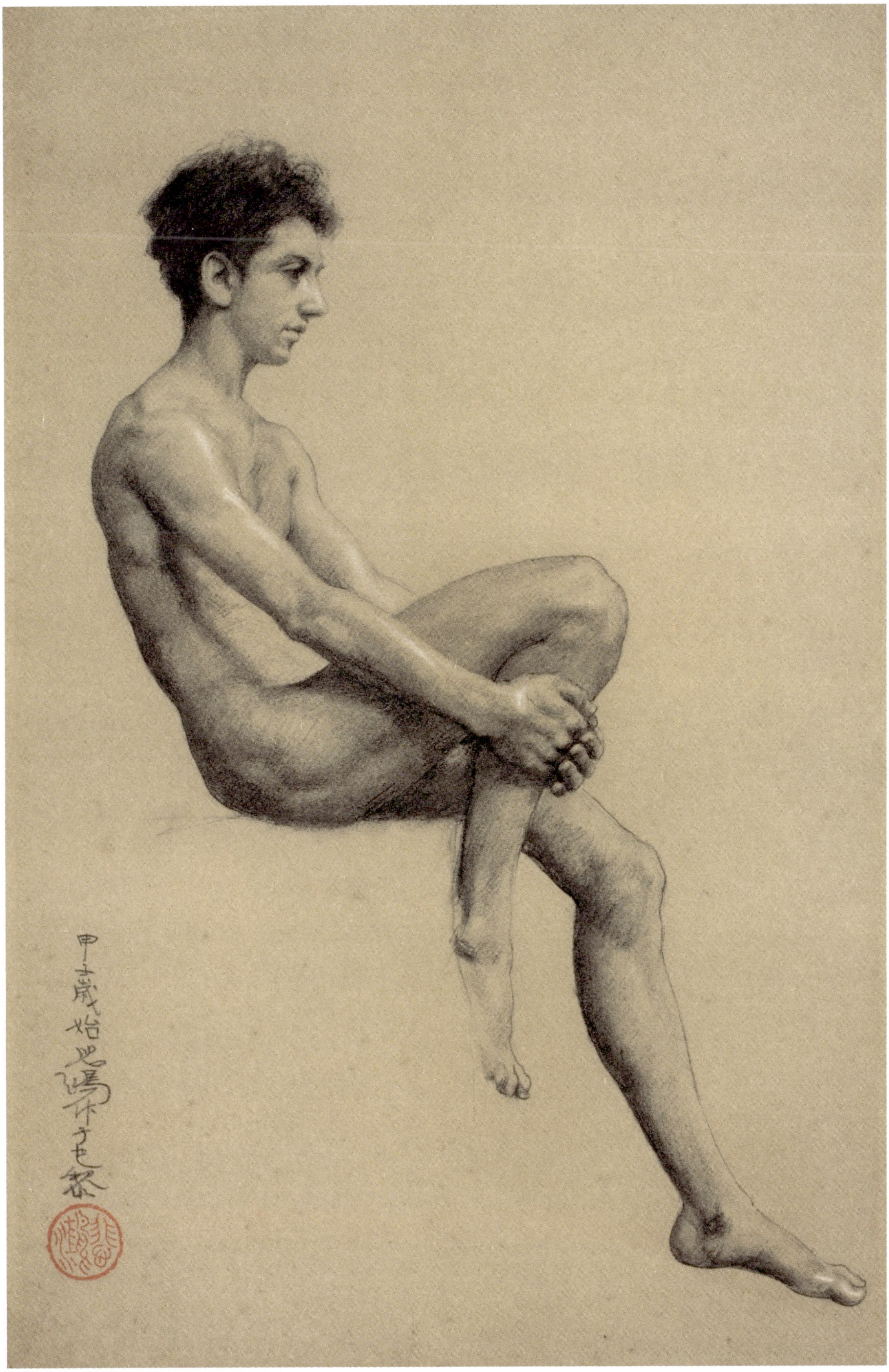

自画像

1924年

纵70厘米　横49厘米

现藏徐悲鸿纪念馆

油画。画中青年徐悲鸿着西装，侧坐于靠椅上，左手持书卷自然地置于腿上，右手持玻璃杯搭在靠背上，面部绘画精细，眼神向外张望，既认真，又谨慎。徐悲鸿画过多幅自画像。他并非有意突出自己，而是通过绘画自己的容貌来做自我反思。

凭桌

1925年

纵59厘米　横73厘米

现藏徐悲鸿纪念馆

油画。是为蒋碧薇所作的肖像画。画中蒋碧薇端坐，身着蓝色白边连衣裙，目视前方。桌上一书、一杯，另有一盆大红花。左边上方题款。画面明暗、体积、环境表达得恰到好处，体现了高超的写实技法。为徐悲鸿早期油画创作的代表佳作。

蜜月

1925年

纵93厘米　横118厘米

现藏徐悲鸿纪念馆

油画。绘富商黄天恩、傅季姑夫妇。此作曾发表于《时报图画》第294号。

箫声

1926年

纵79.5厘米　横38厘米

现藏徐悲鸿纪念馆

油画。绘徐悲鸿第二位妻子蒋碧薇。油画捕捉到蒋碧薇温柔娴静的一瞬间，油彩奔放厚重，已看不到线条，画面较松，呈现出梦幻般的情趣。画面右边有作者签名“悲鸿，丙寅（1926年）冬”。

C'est un musicien qui peignit la minute:
Le paysage a l'air de sortir de la flûte.
Fernand Gregh

徐悲鸿绘《箫声》画稿

田横五百士

1928年至1930年

纵197厘米　横349厘米

现藏徐悲鸿纪念馆

油画。取材于《史记·田儋列传》，田横本是齐王田氏宗人，韩信打败齐王后，田横自立为齐王。汉灭项羽后，田横率其部下五百人入海岛。汉高祖派人来招降，说，田横如归来，大者封王，小者封侯，不来者，将举兵讨伐。结果田横与部下五百人皆自杀。画面选取了田横与五百壮士诀别的场面，着重刻画了不屈的激情。田横面容肃穆地拱手向岛上的壮士们告别，壮士中有人沉默，有人忧伤，也有人表示愤怒，一瘸腿人向前，似要阻止田横去洛阳。整鞍待发的马站在一旁，扭动着头颈，白云浓重沉郁。整个画面动静相宜，富有节奏感，呈现了强烈的悲剧气氛，表现出富贵不能淫、威武不能屈的鲜明主题，歌颂了被压迫人民富贵不淫、威武不屈的精神。全幅构图、设色无懈可击，一人有一人的神情，一笔有一笔的精彩，堪称稀有珍品。

徐悲鸿绘《田横五百士》画稿

《田横五百士》之我见

陈振夏

盛极一时之徐悲鸿画展，已于日前闭幕。此间人士对于徐氏之艺术，可谓推崇备至。参观人数之踊跃，为历次画展之冠。作品中最惹人注目者，厥为《田横五百士》一帧。斯画之作，前无古人，宜乎吾人皆予以深切之注意。徐氏既工油画，其人像写实，于我国画界允称杰出，此画出诸徐氏之手，不可谓非得人。太史公述田横列传，而为之辞曰："田横之高义，宾客慕义而从横死，岂非至贤！余因而列焉。无不善画者，莫能图。何哉？"索隐："言天下非无善画之人，而不知图画田横及其党慕义死节之事，何故哉，叹画人不知画此也。"自田横之死，迄今二千余年。此二千年中亦非无善画者，而不知图画田横及其党慕义死节之事。大好史事，不得见于丹青，坐令沉寂千古，可为一叹。今徐氏知之而图画之，运斤经年，使后世慕田横之高义者，得一饱眼目，旷世豪举，洵难能可贵。余既获览斯图，闻人言皆羡赞语，心殊畅快，于徐氏胆魄之豪，工力之伟，尤深致佩服，特谛审图中人物，更一味太史公之遗旨，于此沉寂千古而今始获一见之历史巨制，乃有不能自安于缄默者，谨掇述数事，敬就教于作者。

按史记"……汉王立为皇帝，以彭越为梁王。田横惧诛而与其徒属五百余人入海，居岛中。高帝闻之，以为田横兄弟本定齐，齐人贤者多附焉，今在海中不收，恐为乱。乃使使赦田横罪而召之。田横因谢曰：‘……臣恐惧，不敢奉诏，请为庶人守海岛中。’……田横乃与其客二人乘传诣雒阳。……既葬，二客穿其冢旁孔，皆自刭，下从之。高帝闻之乃大惊，以田横之客皆贤。吾闻其余尚五百人在海中，使使召之。至，则闻田横死亦皆自杀。于是乃知田横兄弟能得士也。”

观此则田横之客皆贤士。韩愈祭田横文，亦称“感横义高能得士”，徐氏名其所画为《田横五百士》，取义至当。图中背景有海水一片，当为田横及其徒属所居岛。图左边田横绯袍拱立做揖别状，旁有鞍马一，人三，似临行告别诸客者，全图除妇孺四人外，余当为五百士之徒。当中黄衣着舄者，形貌酷似作者，殆有韩愈“嗟予去此其从谁”之慨欤？

统观画中各人，神情略呈忧愤色，颇能适应当时情景。特服式与形貌二者，于此历史巨画中，似有未尽想象（或考据）之能事。考田横及其客死事，当在汉元年二月以后，其服式姑无论为王侯、大夫、士，抑庶人，不从汉则应从秦或从周。然余于斯三者，从画中一再寻绎，均不得要领，是画中服式在时代观点上当不无失却根据处。

古者男子成人而冠，庶人或以巾，《礼》郑注：“职居士位，年二十而冠。”《释名》：“二十成人士冠，庶人巾。”《博物志》：“古者男子皆丝衣，有故乃素服，又有冠无帻，故虽凶事，皆着冠也。”徐铉云：“于冠或裁丽为帽，自乘舆，寡居，下到庶人无爵者，皆服之。”今画中状人物凡三十余，无一冠者，其中免者四，施复结者五，皆以绿帻青褠，系贱服。妇人二，均不笄不髽。按古时唯罪人及居丧者免。《国策》“免冠徒跣以头抢地”，则为一时偶然之动作，与制度无关。《礼》“男子免而妇人髽；男子冠而妇人笄”。画中意，似皆来自此。若自当时制度言，以罪人自居而去冠易免，则当着赭衣，画中无一赭衣者。其中衣绯袍者二，一为田横，一为童子，考汉制“四品绯服”，“秦始皇时以紫绯绿袍为一等服，庶人以白”，是画中绯服者亦有失根据。

五百士中除一白发老者外，余皆着短衣，长不过膝。按古人多以裘褐为衣袍。《诗》“无衣无褐，何以卒岁”，《论语》“衣敝缊袍”，《孟子》“不受于褐宽博”，《庄子》“以裘褐为衣”，《说苑》“见裘褐之士则为之礼”。《汉书》：“衣褐衣谒见。”又《诗》：“岂曰无衣，与子同袍。”《释名》：“袍丈夫着，下至跗者也。”《孔丛子》：“子高衣长裾，褥褒袖，方屣粗婴见平原君。”《汉书》“亵衣博带”皆为长襦，乃士服。

称短衣者，曰“袛裯”，曰乃修襦。“襄衣”，《古今》注：“襄衣，厮役之服也。”曰“襜褕”，《说文》《字林》并谓短衣。郭璞云：“蔽膝也。”《汉书》：“道儒服，汉王憎之，乃变其服，服短衣。”注：“楚制，仅过膝。”又右衣服多有缘，无缘者谓之裼，敝而紩者谓之褴褛，皆贱下之服。今画中衣短衣者多不及膝，又皆无缘，未悉何据！

复按秦，舆服多袭周制，汉仍之，唯稍更冠服色。其详制今不可考。周则载籍所志颇详，吾人苟以据载籍而图形式为繁杂，为不足备，历代丹青之事，尽有足资借镜者，举凡衣冠、服式、形貌，其几于古而为尤著者，殊不妨据为参证。余观我国历代名画中，于古人冠服形貌，莫不有其显著之共通点，可以表达时代之习俗体制。益感徐氏《田横五百士》之作，未免去史实较远。其最浅显者，为古人蓄须发，男子自成人以上莫不有鬓，有髭须。田横当秦楚之际，逐鹿中原，其徒属多贤者，必非幼少之辈，然图中无须者几占半数，画人从多不见有鬓。又皆衣短不过膝，无缘，当作古意。今试举历代丹青为例证。远之为唐阎立本《魏文帝图》（福州林君藏）鬓皆茸然。

五代顾闳中《斗鸡图》（狄平子藏）中九人皆有髭须，两鬓亦跃然纸上。宋萧照《竹林七贤图》（冯公度藏）七人皆有鬓有须，长襦皂缘。马和之《车马图》（东京博物馆藏）人物皆短衣过膝，皂缘，亦莫不有鬓有须。辽《相马图》（方若君藏）中人物几皆短衣过膝，有鬓有须。近之如：元钱舜举《杨妃上马图》（王一亭藏）其中男子四人皆有鬓有髭。明仇英《上林图卷》（兵藤三郎藏）卷中人物凡数百，无须者仅什一，无鬓者几不及百之一。其《桃李图》（智恩院藏）则四人皆有鬓有须。综观以上诸图，可知古人成年者，皆有鬓有须，自王侯以至庶人，衣短衣而不及膝者，尤不易见到。又诸图中人物足下所着均长靴（按古今图画中着无统平鞋者，前如释家、佛或道士），而《田横五百士》中着鞋者二，俱为平鞋。至此而予于五百士一图，乃有可疑者三，不可解者二。当时士人服式，是否有如图中所绘者？可疑者一。当时从政逐鹿之人是否多为年轻小子之辈？不然图中无须鬓者何其多？可疑者二。当时士人是否多赤足不冠，或亦如现世剪发？可疑者三。向使当时服饰制度有如斯者，其必为卑贱下流之人所服用，固不必论。但所谓齐人之贤者，岂尽如斯？《春秋》有齐之兴也“筚路蓝缕”一语，作者殆欲引为斯图之用？王安石读《孟尝君传》有“孟尝君特鸡鸣狗盗之雄耳”句，抑作者于田横及其徒属又别有所解而特表之于斯图，然则所解为何如？此不可解者一。田横之党既多贤者，此其中宜必有赳赳桓桓之武夫，与文质彬彬之君子，然予于斯图所见，率皆露胸袒臂之徒，胼手胝足之辈。为文为武，不得而辨，不可解者二。

夫以一时代之历史事实为画题，而画中人物衣着形貌乃竟与时代相左如此！吾颇欲与徐先生一商榷之。

偶阅《文学》（第一卷第五号民国二十二年版）巴黎绘画展览（秦宣夫李健吾作）一文，篇中述徐氏所作《九方皋》图，评为：“不幸是一个完全的失败。”又殿以辞云：“象征一种新的上进的倾向，路是对的，失败也是真的。徐先生不必失望，更不必灰心，不断地试验是成功的根基。”斯言深得吾心！余于《田横五百士》一图，亦具此旨。甚望作者更一究历史之真谛，而足成之。以徐氏艺术之高深，笔力之雄伟，胆魄之豪健，吾知其必能有成就，以与斯图共垂不朽。太史公有知，亦当轩渠于地下。

余素崇信徐氏之艺术，于其素描及人体形象，未尝不许为画界巨擘。以此而图画田横及其党慕义死节之事，谁曰不宜！用本爱护艺术之愚诚，抒其一见，管窥蠡测之下，所述容有未详尽处，又或不免有武断处。特自视为一种学术上之商讨，于人于事，曾不顾稍存纤芥于其间，尚望见谅。

二十八年黄花岗纪念日于新加坡中正中学

钟馗

1929年

纵177厘米　横95厘米

现藏徐悲鸿纪念馆

国画。钟馗虬髯、环眼、大鼻、阔口，戴黑帽，着黑靴，手中持折扇坐于椅上，形象夸张，但恰到好处。小鬼屈膝跪地，托举果盘。以小鬼的丑陋弱小和钟馗的刚正高大形成强烈对比。署款“己巳（1929年）端午午时写于宁照得等闲之居”。

徐悲鸿的父亲有端午节画钟馗镇鬼的传统。徐悲鸿虽学西方多年，但仍保持着每年端午画钟馗的习惯。他笔下的钟馗可谓千姿百态，绝无雷同。

乙巳端午午時寫於寧熙昇寺田之居
悲鴻

陈散原像

1929年

纵58.5厘米　横71.5厘米

现藏徐悲鸿纪念馆

油画。画老年陈散原像，手捧书卷坐于沙发上，神情专注。

陈散原（1853—1937年），名三立，字伯严，号散原，江西义宁州（今修水县人）。其父是曾任湖南巡抚的陈宝箴，晚清四公子之一；其子陈寅恪，是中国著名的历史学家。徐悲鸿同陈散原相识很早，1916年即已认识。徐悲鸿到北京后，陈散原常常邀请徐悲鸿去他家做客。

徐悲鸿为画《陈散原像》所作画稿

己巳九月写
敬庐先生
悲鸿

徯我后

1930年至1933年

纵230厘米　横318厘米

现藏徐悲鸿纪念馆

油画。取材于《书经》，描写夏桀暴虐，在他统治下，人民痛苦不堪。商汤带兵去讨伐暴君，老百姓殷切期待他们来解救，说："徯我后，后来其苏。"意思是说：等待我们贤明的领导人，他来了我们就能得救了。图绘旱灾威胁下的一群男女老少，在龟裂荒芜的田野中衣不蔽体，袒胸露足，引颈仰天，充分体现了大旱望云霓的迫切心情。瘦弱的老牛在啃着树根，显示出一片凄惨的景象，表达了人民反对压迫者，渴望得到解救的心声。

九方皋

1931年

纵139厘米　横351厘米

现藏徐悲鸿纪念馆

国画。九方皋是春秋时代人，善于相马。当时秦穆公求良马，伯乐就向秦穆公推荐他。三个月后，说求得一匹黄色的牝马，等取来却是一匹黑色的牡马。秦穆公气愤地对伯乐说："九方皋连马的毛色、性别都分不清，怎么认得出马的好劣？"伯乐却说九方皋对于马的观察是"得其精而忘其粗，在其内而忘其外，见其所见，不见其所不见"。等马到了，牵来一看，果然是一匹天下唯一的好马。徐悲鸿创作此画时，未局限于历史传说，画面中既没有秦穆公，也未出现伯乐，而是着力刻画九方皋的相马本领。图中一人一马，马做昂首嘶鸣状，膘肥体壮，肌肉隆起。旁站一人，左手持缰，右手持鞭，说明是一名驯马能手。右边站立一老者，为九方皋。此作借"相马"寄寓"人才之得所与否也"，表达对人才被淹没压抑的不满。他写此题记前后计十九次之多，题曰"辛未（1931年）初冬第七次写此，并纪念廉南湖先生，感喟无极，悲鸿，时授徒中央大学，居丹凤街"。

廉南湖，名泉，字惠卿，号南湖，无锡名士。甲午中日战争后，清政府签《马关条约》，参加千余人之公车上书，请拒签条约。以诗文书法闻名于世。

新生命活跃起来

1931年

纵113厘米　横109厘米

现藏徐悲鸿纪念馆

国画。绘雄狮飞跃于山巅。题“新生命活跃起来。甲戌（1934年）岁阑，危亡益亟，愤气塞胸，写此自遣。悲鸿”。

旧中国曾被人比喻为东方睡狮，徐悲鸿采用拟人化的手法，托兴于狮，表达自己对于民族振兴的渴望。

新生命活躍起来
甲戌歲闌危亡益亟憤氣塞胸寫此自遣
悲鸿

风尘三侠画稿

中期

纵32厘米　横22厘米

现藏徐悲鸿纪念馆

素描。取材于唐代传奇小说，借李靖、虬髯客、红拂女寄托画家崇尚正义，渴望铲除世间邪恶的心情。此图所绘为红拂女，素描准确精到，尤其双眸十分生动、传神。

牧童

1931年

纵95厘米　横179厘米

现藏徐悲鸿纪念馆

国画。绘一赤脚牧童牵着牛群走在田埂上，为追忆南昌之游所见，题曰“满眼平芜绿，穿径新禾香。耕牛赖雨顺，举室游相将。辛未（1931年）盛夏，薄游南昌，行于江上见此画景，顿觉升平气象。顾神州正切陆沉之祸，所谓平芜新禾仅高岸利耳，非真福也。欲作大幅，奈旅中无法挥写。忽忽三月，秋亦垂尽，而东北又起倭寇之警，中原骚然，危亡益亟，意兴都无，复虑幻象目失，欲振笔追记之，呜呼，泰平岂容希冀。倘索诸吾指端者，聊可力致耳，终恨画饼之不能充饥也。不然者吾自入画为牧童，意良足矣，噫嘻。悲鸿写记于宁之毋庸议斋”。后又记“静文爱妻保存”。

桂林风景

1934年

纵57厘米　横76厘米

现藏徐悲鸿纪念馆

油画。绘桂林山水景色，溪水蜿蜒，重峦叠嶂。构图大气，视线开阔悠远。笔触细腻深邃，明暗色调结合得恰到好处，充分勾勒出漓江烟雨蒙蒙的意境。是徐悲鸿油画作品中的风景画精品。

钟馗像

1935年

纵106厘米　横55厘米

现藏徐悲鸿纪念馆

国画。钟馗虬髯，瞪目龇牙，戴黑帽，着黑靴，侧身欲行。右手挽袖持剑，左手持剑鞘。署款“乙亥（1935年）端午午时写于成都，悲鸿”。

乙亥端午午時寫于
成都 悲鴻

虎与兔

1935年

纵46厘米　横109.5厘米

现藏徐悲鸿纪念馆

国画。绘虎仰卧并舒展着全身，伸前爪抚弄一只黑兔。表现出虎的闲散与惬意。自题“乙亥（1935年）岁始迪生丐白石翁写牝鸡，命我写虎兔，以象征其全家。纸藏箧中几乎遗失，岁晚偶捡得之急写寄以偿宿负，悲鸿”。

鸬鹚

1935年

纵133厘米　横44.5厘米

现藏徐悲鸿纪念馆

国画。绘三只鸬鹚，两只伫立注视着远方，一只梳腹羽。淡墨绘岸边汀渚，赭墨勾画芦苇做背景。署款“子展六兄惠教，廿四年（1935年）秋初游广州写本纪念，悲鸿”。

子展六兄惠教 廿四年秋
初游廣州寫奉紀念 悲鴻

鱼鹰

1935年

纵104厘米　横109厘米

现藏徐悲鸿纪念馆

国画。绘岸边四只鱼鹰，三只伫立注视着远方，一只梳腹羽。运用饱酣奔放的墨色勾勒鱼鹰的头、颈、羽翼等大转折部位，喙缘及脚掌边缘用硬笔勾勒，使浓淡、干湿、收放的变化浑然天成。以淡墨绘岸边汀渚，以赭墨勾画芦苇做背景。署款“君墨贤兄惠存，廿四年（1935年）冬，悲鸿”。

君墨賢兄
惠存
廿四年冬悲鸿

傅增湘

1935年

纵71厘米　横50厘米

现藏徐悲鸿纪念馆

傅增湘是中国著名学者、大收藏家。1910年，任教育部部长。1917年，徐悲鸿应蔡元培之邀，担任北京大学画法研究会导师，曾持画求见傅增湘，其画得到傅的赞赏。1919年，徐悲鸿在他的帮助下得以公费前往巴黎留学。此画系徐悲鸿留学归来，为傅增湘精心创作的。

村歌

1936年

纵77厘米　横132厘米

现藏徐悲鸿纪念馆

国画。画牧童在塘边草地放牛，牛儿自在地食草，牧童则悠闲地匍匐在草地上。自题“广西谓人曰公哉，谓小儿曰玩哉，福州人谓牛曰午，一头牛曰柬老午。偿有好事之徒，用中国五色话写成一诗，必光怪陆离，骇人听闻，过于鄙画万万，惜未之有也。丙子（1936年）岁阑，桂林遣兴，悲鸿”。

晨曲

1936年

纵82厘米　横99厘米

现藏徐悲鸿纪念馆

国画。绘冬日清晨，一群麻雀聚集在树梢，俯仰顾盼，各尽妙态。树叶早已掉光，零乱的秃枝交错穿插。三五成群的麻雀站在一起，占据了画面的中心位置，右上和左下的各两只麻雀呈对角呼应，而右上角的留白则增添了画面的空间感。题“丙子（1936年）春不至，悲鸿”。

晨曲
丙子春不至
悲鸿

与张大千合绘老杜诗意图

1936年

纵111厘米　横110厘米

现藏徐悲鸿纪念馆

国画。绘老树掩映下一间茅舍。主要以墨笔渲染，略施淡赭、花青。署款“写老杜诗意，大千道兄为我足成。丙子（1936年）初春，悲鸿”。

寫老杜詩意
大千道兄為我
足成 丙子初春
悲鴻

孙多慈像

1936年

纵131厘米　横106厘米

现藏徐悲鸿纪念馆

油画。绘徐悲鸿女弟子孙多慈像，着旗袍坐于摇椅上，背景是石膏像和画卷，表现了其画家的身份。

孙多慈于1930年到南京中央大学美术系做旁听生，当时徐悲鸿正好是美术系主任，也时常亲自授课。二人因此相识，后相恋，徐悲鸿曾为其画过数幅肖像。

巴人汲水

1937年

纵294厘米　横63厘米

现藏徐悲鸿纪念馆

国画。画的背景为重庆的高岸，下临嘉陵江。几个汲水的男女，在江边打了水，再挑着水桶登上几百级石阶到居处去，画面采用立幅构图，突出地反映了劳动人民汲水、挑水的艰辛。自题“忍看巴人惯担挑，汲登百丈路迢迢。盘中粒粒皆辛苦，辛苦还添血汗熬。廿六年（1937年）冬，随中央大学入蜀，即写所见，悲鸿”。

此作取材于现实生活，当时，徐悲鸿住在重庆沙坪坝对面嘉陵北岸的磐溪，常常看见许多人爬越百级的台阶，挑水上岸，深受触动。

漓江春雨

1937年

纵74厘米　横114厘米

现藏徐悲鸿纪念馆

国画。画家敏锐地捕捉自然变化，以无比酣畅的泼墨挥写春雨迷蒙中的漓江景色。讲究墨色的浓淡运用，把中国画墨分五色的理论充分发挥，用墨融化线条，全画几乎很难找到用线条勾画的地方，也无皴擦的痕迹，只是用黑、白、灰的色差来区分风景的远近。水墨的渗透、洇润构成烟云迷蒙的景象。墨与墨之间的挤压形成的奇异效果，正是作者所要表现的迷蒙的河岸、码头、房舍的轮廓。一只小船带起一丝水纹，划向江心，给宁静的水域增添了生气。署款“漓江春雨，廿六年（1937年）三月，悲鸿”，后又题“静文赏之”。

漓江春雨
静文赏之
卅六年三月
悲鸿

怀素学书

1937年

纵132厘米　横39厘米

现藏徐悲鸿纪念馆

国画。取材于唐代书法家怀素学书的故事。怀素自幼出家为僧。因喜书法，在经禅之余，勤学书法。但无钱买纸练字，就在寺旁空地种下许多芭蕉，以蕉叶代纸练字，终成一代书法大家。图绘芭蕉树下，僧人怀素坐于石前。石上铺蕉叶，怀素执笔练习草书。以深浅不一的绿彩晕染出蕉叶，一枯叶以赭墨晕染出，以墨笔勾勒蕉叶的筋脉、叶片。题“唐人草法张长史称圣，顾其真迹莫可得见。孙过庭知书，笔法殊弱。能在晋人以外，另开蹊径者厥唯藏真四十二章经，前无古人，后无来者，诚当以书佛目之。世必有知余之言者。丁丑（1937年）元日，悲鸿”。又题“静文爱妻存”。

丁丑元日 悲鸿

风雨鸡鸣

1937年

纵132厘米　横76厘米

现藏徐悲鸿纪念馆

国画。绘《诗经·风雨》诗意，画面上一只威武雄壮的大公鸡，站立在峻峭的石头上，昂首挺胸，引吭长啼，石旁翠竹繁茂，竹叶婆娑，生机勃勃。题款“风雨如晦，鸡鸣不已，既见君子，云胡不喜。丁丑（1937年）始春，悲鸿怀人之作，桂林”。此作无论是构图、笔墨均极精彩，是徐悲鸿水墨画代表作。

静文爱妻存之
風雨如晦鷄鳴不已既見
君子云胡不喜 丁丑始春
悲鴻懷人之作 桂林

月夜

1937年

纵90厘米　横97厘米

现藏徐悲鸿纪念馆

油画。绘月夜下几位着旗袍女子，一吹箫者忘情吹奏，同伴伫立于河边，月光透过大树枝叶的缝隙照在她们的旗袍上，形成点点柔和的阴影。虽然吹箫者身躯比同伴娇小，但其白衣及所表现的张力，使她成为中心人物。画家以简练的手法表现出吹箫者的神韵，带有拉斐尔前派绘画的韵味，而技法则脱胎自印象派。

行书孟子语

1937年

纵39厘米　横128厘米

现藏徐悲鸿纪念馆

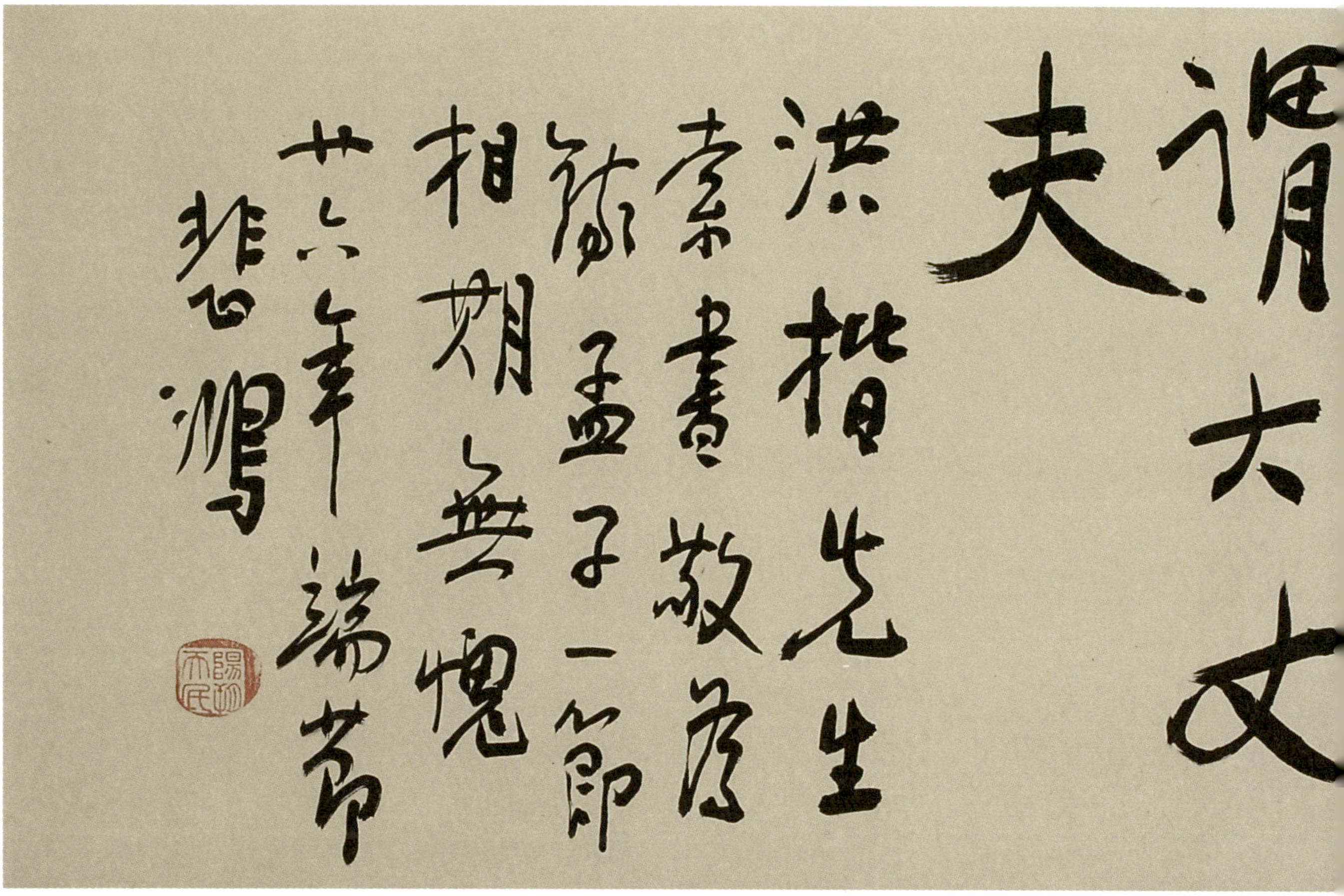

行书。书录《孟子》一节：“富贵不能淫，贫贱不能移，威武不能屈，此之谓大丈夫。”署款“洪楷先生索书，敬为录孟子一节，相期无愧。廿六年（1937年）端节，悲鸿”。以直线结字，但采用长短、肥瘦、疏密的微妙变化，破其单调、板实，转折有度，疾涩得宜。

徐悲鸿年轻时受业于康有为，因此书法深受康有为碑学思想的影响。他的书法以魏碑为基础，实熔碑帖以及历代书法精华于一炉，气势磅礴，魄力雄强，格调高古，厚重超脱，深沉阔大。

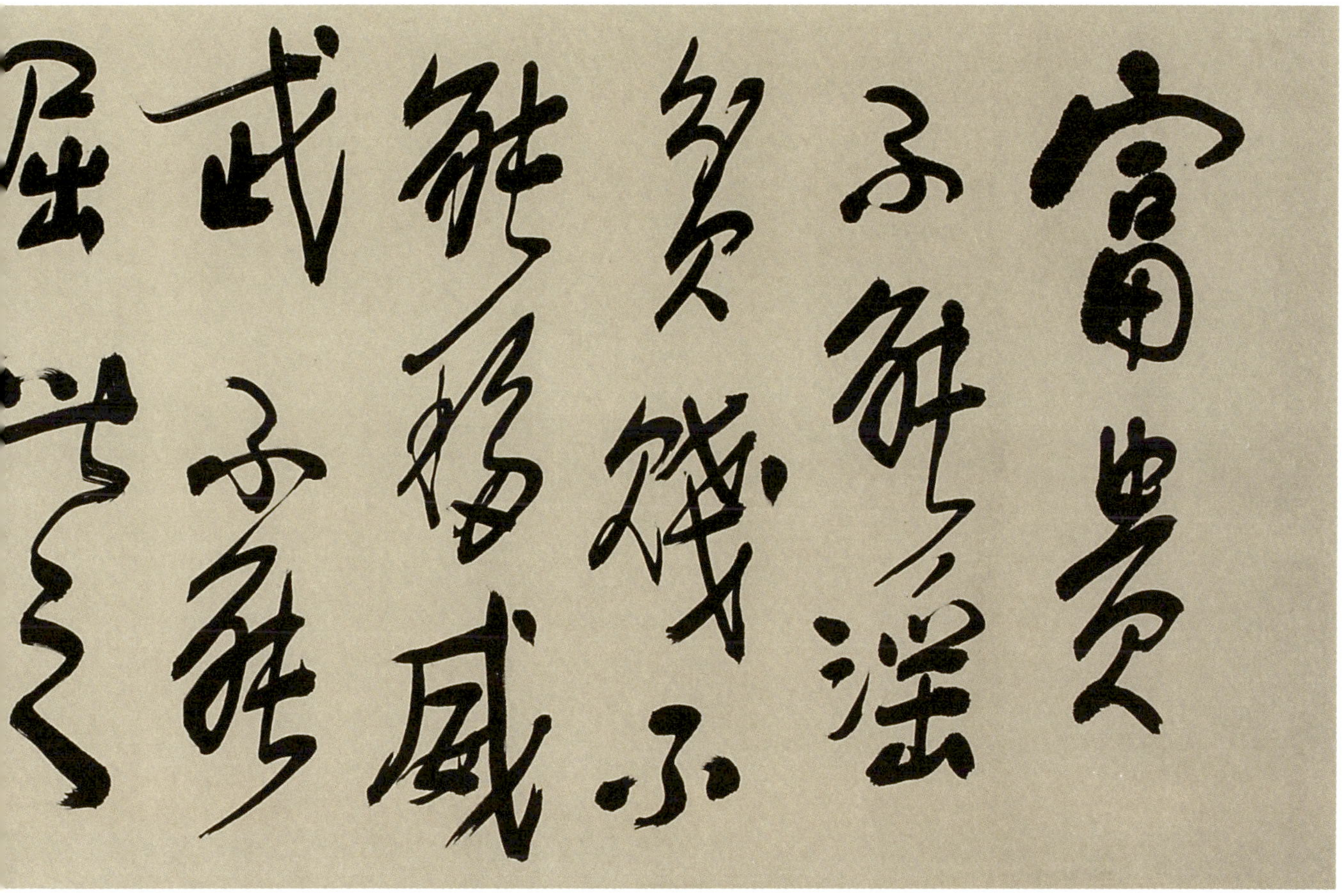

负伤之狮

1938年

纵110厘米　横109厘米

现藏徐悲鸿纪念馆

国画。绘一头蹲着的雄狮，回首翘望，虽身负重伤，瘦骨嶙峋，仍不失兽中之王的雄姿和威风。题曰"负伤之狮，廿七年（1938年）岁始，国难孔亟，时与麟若先生同客重庆，相顾不怿，写此聊抒忧怀，悲鸿"。此作是客居重庆时，与吴麟若教授谈起国难民情，奋笔所作，表达了对国土沦丧、国破家亡的悲愤，彰显了自尊自强、顽强抗争的民族精神。

负伤之狮
廿七年岁杪
国难孔亟时与
廖若先生同客
重庆相顾不怿
写此聊抒忧怀
悲鸿

侧目

1939年

纵111厘米　横109厘米

现藏徐悲鸿纪念馆

国画。绘一怒狮，侧视一条小小的毒蛇。狮子身体有些瘦削，但双目炯炯有神，四爪有力地紧抠山石，飘动的鬃毛增添了威武感。蛇张开大嘴，露出毒牙，面目狰狞地与狮对视。动物形象刻画逼真，神态个性突出。狮象征着中华民族，蛇则象征侵略者，是徐悲鸿借物喻事的代表佳作。自题“廿八年（1939年）夏日再写，殊不称意，时客星洲，悲鸿”。

十六年夏日再寫

印度女人像

1940年

纵35.4厘米　横25.1厘米

现藏徐悲鸿纪念馆

国画。绘印度比哈尔邦的太后。为1940年在印度讲学时所绘。以中国传统的白描手法勾勒人物的衣纹，遒劲流畅，参以西方古典绘画的透视、解剖关系，将中西写实绘画的理念与技法融为一体。是徐悲鸿国画中人物肖像画代表作之一。署款“廿九年（1940年）六月，悲鸿时居大吉岭”。

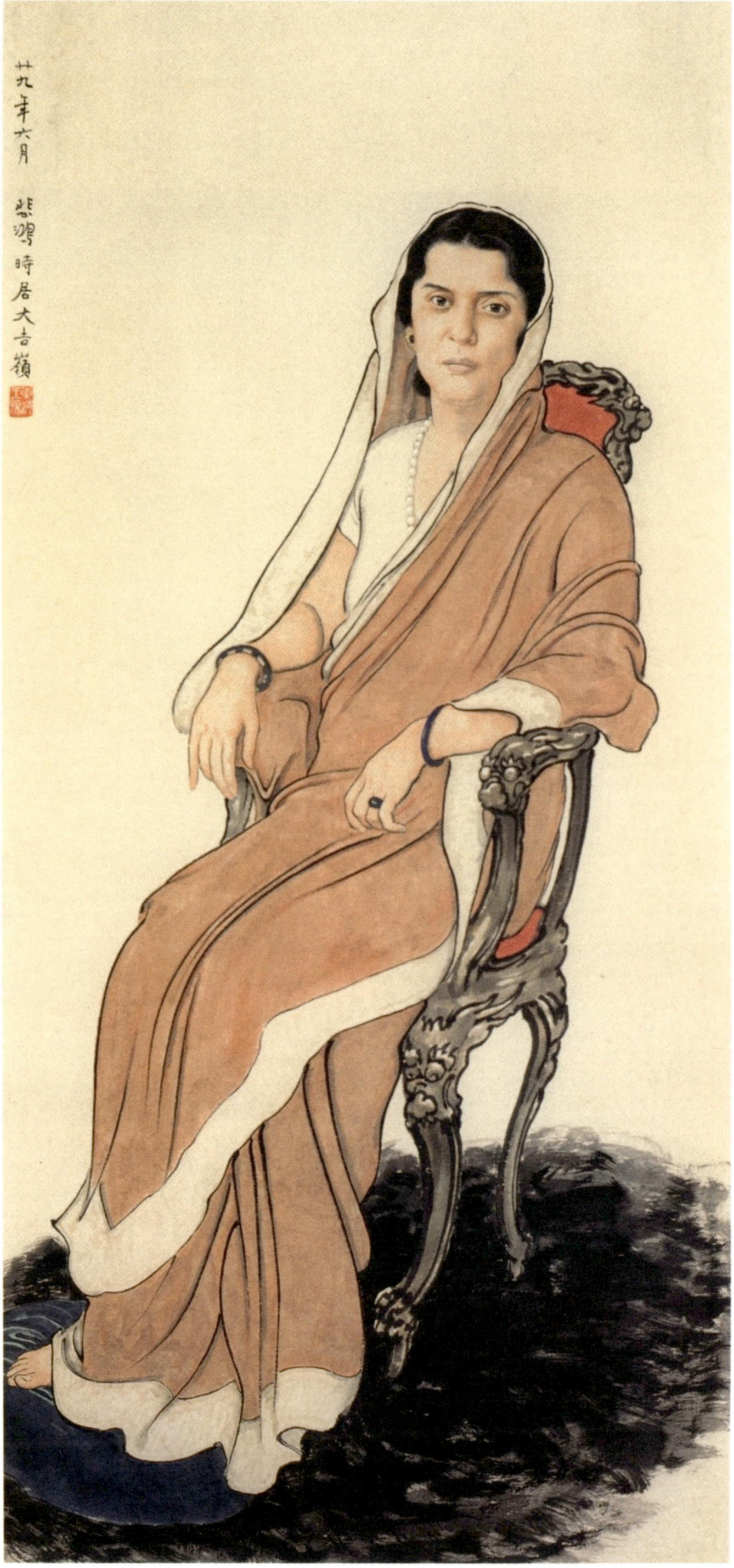
廿九年六月
悲鴻時居大吉嶺

徐悲鸿绘《印度女人像》画稿

愚公移山（国画）

1940年

纵144厘米　横421厘米

现藏徐悲鸿纪念馆

国画。取材于《列子·汤问》中的一则寓言故事。愚公家门前有两座大山挡路，他决心把山移平，因率儿孙每天挖山不止，此事感动天帝，命夸娥氏的两个儿子搬走两座山。全图为横卷，墨色的晕染使每个人显得肤色不同，富有轻重节奏，并且加强了筋肉凹凸及明暗特征。在愚公的衣纹及耙、镐等工具上则运用挺健的线描，突出质感。在构图上突破传统人物画的格局，把裸体人像搬进严肃的历史绘画题材，让人物集中并列，顶天立地，占满画面空间，具有强烈的感染力。反映了人民征服自然世界的巨大力量，成为史诗式的巨制。

徐悲鸿绘《愚公移山》画稿

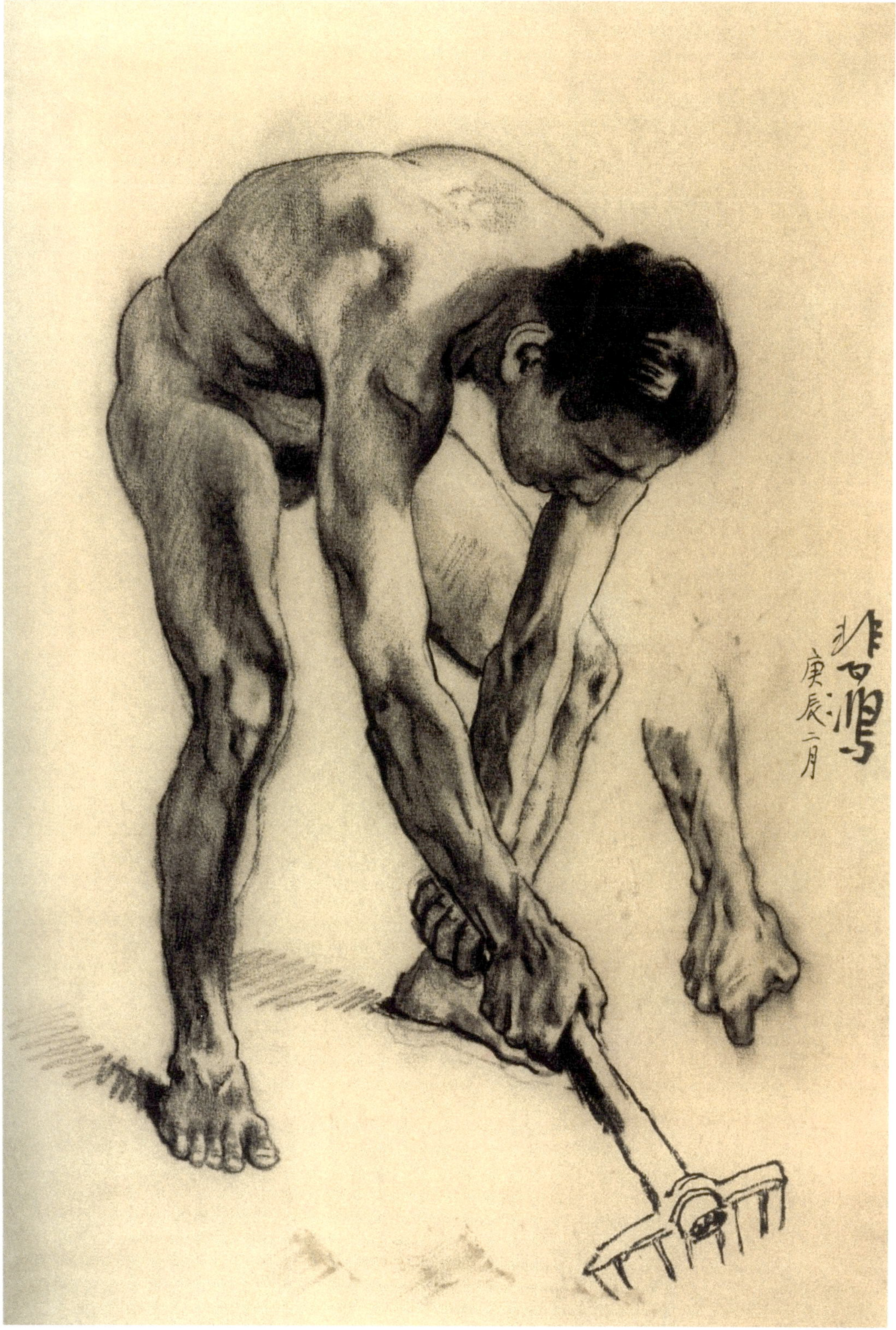
悲鸿
庚辰二月

愚公移山（油画）

1940年

纵213厘米　横462厘米

现藏徐悲鸿纪念馆

油画。人物顶天立地，展现出了一派壮阔的移山场面，每个人物都个性突出，栩栩如生。愚公白发长须，老而弥坚；身旁的开山者体魄健壮，挥锄掘石；前景上的一排奋力挖山者，高近真人，动感强烈，呼之欲出。整个画面传达出无坚不摧的力量。徐悲鸿用国画和油画反复创作《愚公移山》，旨在激励同胞克服困难，坚持抗日。

群马图

1940年

纵110厘米　横122厘米

现藏徐悲鸿纪念馆

国画。绘四匹体魄健壮的骏马立像，三匹背身而立向左望，一匹低头吃草，姿态各异，相互呼应，静中寓动。自题“昔有狂人为诗云：一得从千虑，狂愚辄自夸。以为真不恶，古人莫之加。悲鸿时客喜马拉雅之大吉岭。鄂北大胜，豪兴勃发。二九年（1940年）五月”。后题“静文爱妻存之”。画家在喜马拉雅山听到鄂北大胜的消息，当即挥笔，画成此图，表达了对胜利的期盼和喜悦。

静文爱妻存之
昔有狂人为诗云
得从千里狂愚辄自许以为真不恶
廿九年五月
人莫之加 悲鸿时客西马拉雅之大吉山岭
鄂北大胜豪兴勃发

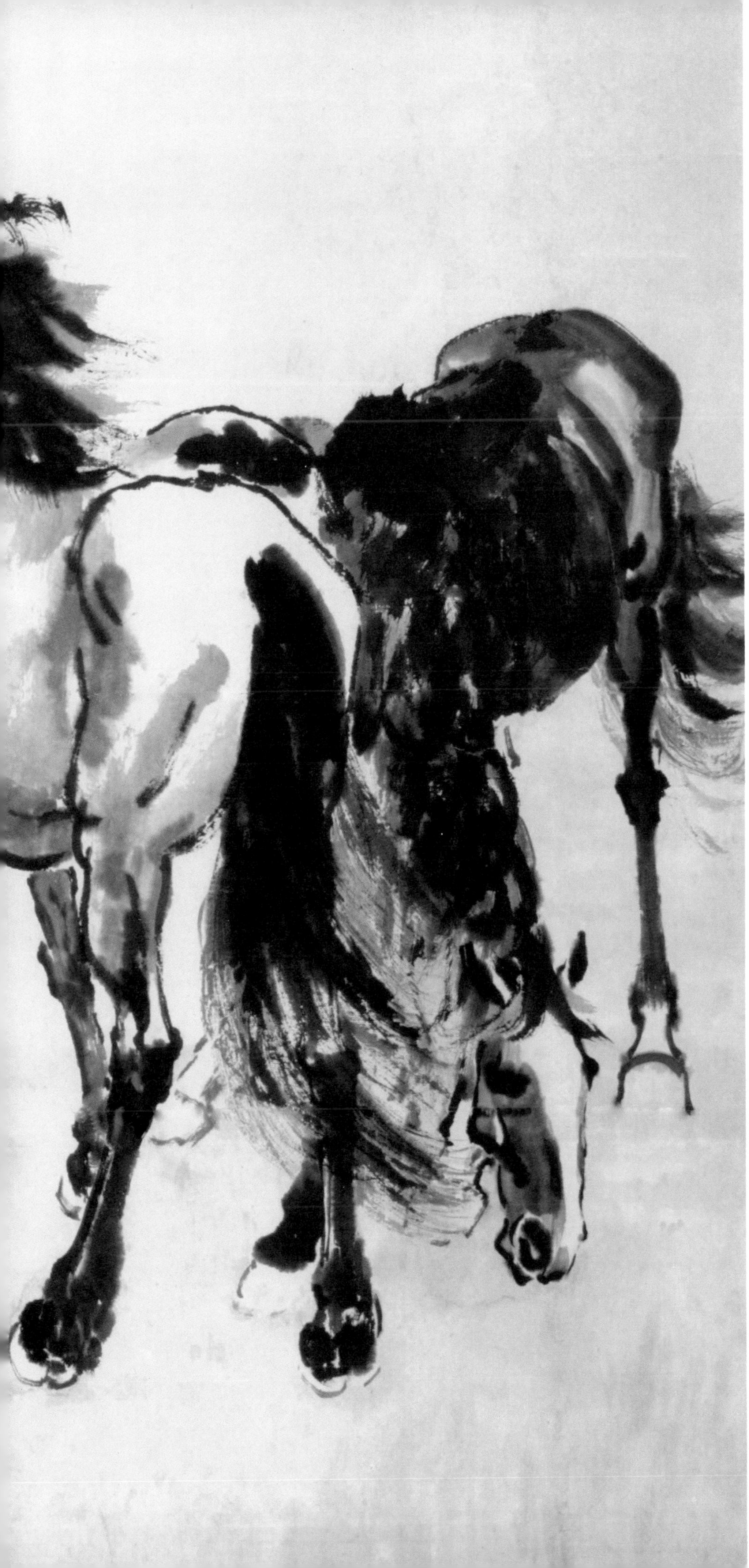

泰戈尔像

1940年

纵51厘米　横50厘米

现藏徐悲鸿纪念馆

国画。绘泰戈尔手持笔和本，正在凝神构思诗篇。用中国传统的线描，通过面部的淡淡渲染，衬出诗人的银色须发，把他正在凝神静思的神情表现得极为生动。背景中印度的大棵菩提树沉稳的颜色以及树上两只似在窃窃私语的小鸟，都烘托出宁静安详的气氛。

泰戈尔是印度著名诗人、哲学家。1940年春，徐悲鸿应其邀请，赴印度国际大学讲学和举办画展。其间二人交往甚密。徐悲鸿为他画了十多幅素描、速写、国画和油画肖像，这是其中一幅。

风景

1940年

纵19.5厘米　横25.2厘米

现藏徐悲鸿纪念馆

水彩。通过黄、蓝、绿等色的涂染，描绘霞光景色。色彩鲜丽、明快，丰富且多变化，充分表现出徐悲鸿对色彩的表现和把控能力。署款“悲鸿，1940”。

悲鸿
1940

奔马图

1941年

纵130厘米　横76厘米

现藏徐悲鸿纪念馆

国画。绘骏马由远而近，飞奔而来。画家采用大角度透视的手法，以腾空的一只后腿和交叉在一起的前腿，展现奔马疾驰的速度。笔触雄厚，设色清淡，线条刚健，大有痛快淋漓、潇洒风流之概。此作是徐悲鸿在马来西亚槟城当地侨领骆清泉家所作，由骆清泉长子骆新民磨墨拉纸。自题“辛巳（1941年）八月十日，第二次长沙会战，忧心如焚，或者仍有前次之结果也，企予望之。悲鸿时客槟城”。可见他虽远居南洋，却始终关心着抗日战事的形势和国家的命运。

辛巳八月十日第二次長沙會戰憂心如焚或者仍予前次之结果也
企予望之
悲鴻時客檳城

灵鹫

1942年

纵121厘米　横92厘米

现藏徐悲鸿纪念馆

国画。一块巨石上矗立着两只气宇不凡的灵鹫。一正一侧的姿态使灵鹫的头部从天空背景中凸现出来。巨石上点缀黄叶，丰富了画面的色彩和层次，下端巨石的缝隙里透出几层灰蓝色的远山，加上灵鹫前方的悬崖，更加衬托了灵鹫的高大与威猛。此作融汇中西画法，灵鹫头部的光感、眼睛的深陷、嘴和爪的锐利都吸收了西方绘画技巧，在画羽毛时则巧妙运地用了中国画的皴、擦、点、染技法，精练而流畅的勾勒结合明暗的渲染，使灵鹫生气勃勃。自题“悲鸿，壬午（1942年）”，后题“静文妻存”。

群奔图

1942年

纵95厘米　横181厘米

现藏徐悲鸿纪念馆

国画。绘六马奔腾。以画面中部第三匹马为核心，传达着无坚不摧的力量。马与马之间的距离松弛有序，上下空间饱满。徐悲鸿将西方绘画的透视法融入其中，运用墨色的轻重区分主次前后。浓重墨色与高光留白的对比，使最前面的一匹马最为突出。右边第二匹马与左边第一匹马墨色稍淡，拉开了和最前面马的距离，中间两马一灰一棕，使用轻重不同的墨线，形象地表达出马的动态。对最远处的马，只能看到寥寥几笔绘出的马头，虽然极其概括，观者却能感觉到其躯干的位置和体会到它们聚集在一起所形成的巨大冲击力。全图的构图安排、墨色浓淡的把握都体现了徐悲鸿扎实的绘画功底和极具天赋的想象力。是徐悲鸿奔马画的代表作。自题“壬午（1942年）大暑，悲鸿居良风垭杨兄德纯斋中”。

壬午大暑悲鸿居凉风垭杨氏道纯斋中

鹅闹

1942年

纵92厘米　横61厘米

现藏徐悲鸿纪念馆

国画。绘鹅群张开翅膀奔行，鹅红冠、红蹼、白羽，形体敦实，顾盼生姿，场面生动喧闹。通过在画轮廓线时以线代面，运用线条粗细、浓淡、软硬的不同和线条之间的组织、走势而实现了很强的立体感。苍劲有力的笔墨将树叶有韵味地搭配，更突出了鹅的洁白，使水和色的张力达到极致。自题“悲鸿，壬午（1942年）”。

庭院

1942年

纵64厘米　横78厘米

现藏徐悲鸿纪念馆

油画。绘中式庭院一角，一树花开正盛，阳光在院墙上留影，一只大公鸡在蹒跚而行，全画因树上盛放的花朵而显得生趣勃然。此作显示了徐悲鸿擅于描绘一些微小的角色在日常生活中的小细节，从而提高作品的趣味性。

月光如水

1942年

纵65厘米　横54厘米

现藏徐悲鸿纪念馆

国画。绘月光下的景色。以浓墨绘近树，以淡墨绘远山，以更浅淡的墨色渲染出氤氲的月色，天空中留白为圆月。墨色浓淡相宜，营造出了静谧的月夜景色。署款“悲鸿，壬午（1942年）”。又题“静文爱妻存”。

孔子讲学

1943年

纵109厘米　横113厘米

现藏徐悲鸿纪念馆

国画。取材于《论语》。画面上孔子端坐正中，睿智豁达的神情表现出思想家的胸怀和风度。他的学生子路、曾皙、冉有、公西华正在就老师的提问发表各自的见解。画中子路率直而自信，冉有、公西华恭谦大度，曾皙清高洒脱，神情均栩栩如生。为了强调讲学的主题，画家运用刚劲的线条，以表现庄严宏毅的情感，环境也安排得简单朴素，巧妙地运用服装、肤色、须发、动态的微妙变化区别人物的性格气质，于平凡中充满高贵祥和之美。自题“子路、曾皙、冉有、公西华侍坐一章。癸未（1943年）长夏悲鸿敬写第二次于青城”。

子路曾皙
有公西華
侍坐一章
未長夏
鴻敬寫
二次於
月城

李印泉像

1943年

纵76厘米　横43厘米

现藏徐悲鸿纪念馆

国画。绘李印泉全身像。人物全身形体结构全由线条来表现，画家在运用国画的白描手法的同时，讲究线条的虚实浓淡，线条随结构而行走，不多的线条就把隐藏在长袍里的躯干各部位交代得一清二楚。以浅赭色构成人物面部的底色，颜色的微妙变化就使色彩关系和素描关系都充分体现出来，表达出皮肤的质感。自题“卅二年（1943年）六月十六日在化龙桥为李印泉先生造像。悲鸿”。又题“国殇中执绋者稿”。

李印泉（1879—1965年），名根源，字印泉。辛亥革命先驱，曾任北洋政府国务总理。侍母至孝，被称为“民国第一孝子”。

卅三年六月十六日在化龍橋为
李印泉先生造象
國殤中執紼者繪
悲鴻

会师东京

1943年

纵113厘米　横217厘米

现藏徐悲鸿纪念馆

国画。绘狮群从远近不同处登上雪峰。师与狮谐音，雪山象征富士山，用以表达抗战必胜的宏愿。雄狮动态各异，刻画精湛，并且笔墨淋漓，充满风起云涌、天摇地动的气势。而雌狮率小狮更具寓意。红日从地平线上升起，预示胜利的曙光即将到来。题曰“会师东京。壬午（1943年）之秋绘成初稿，翌年五月写成兹幅，易以母狮及诸雏据图之右，略抒激愤，虽未免言之过早，且喜其终须实现也。卅二年（1943年）端阳前后，悲鸿”。后题“静文爱妻保存”。

壬午之秋曾成
初稿翌年
五月寫成
茲幅易以
母獅及諸
雛居國之右
略抒積憤
雖未免言之
過早且喜
其終須實
現也
卅三年端陽
前後悲鴻

鸡鸣寺道中

1943年

纵66.5厘米　横74.5厘米

现藏徐悲鸿纪念馆

油画。绘通往鸡鸣寺道中的景物，阳光明媚，道路曲折多起伏，富有生活情调。生动的笔触以及强烈的光影效果都充分表现出徐悲鸿对自然界的印象，并糅合了印象主义对色块的处理方法。

银杏树

1943年

纵101厘米　横88厘米

现藏徐悲鸿纪念馆

油画。绘一株巨大的银杏树，林荫掩映下寂静的庭园中，一个穿红色旗袍的女子在浓茂的树荫下阅读，人和周围的环境丝丝入扣。

紫气东来

1943年

纵109厘米　横113厘米

现藏徐悲鸿纪念馆

国画。取材于老子西出函谷关的传说。传说老子过函谷关之前，关令尹喜见有紫气从东而来，知道将有圣人过关。果然老子骑着青牛而来。尹喜请他著述，老子推辞不掉，留下了著名的五千言《道德经》，从此西去，不见踪迹。图绘老子泰然端坐于牛背，尹喜跪地求赐，远处城墙隐现。人物造型准确，神情毕现。题“紫气东来，卅二年（1943年）大暑，悲鸿居青城天师洞”。

1943年暑假，徐悲鸿带学生赴青城山写生作画，曾住于上清宫天师洞，画了不少道教题材的作品。

紫氣東來
卅三年大暑悲鴻
居青城天師洞

山鬼

1943年

纵113厘米　横63厘米

现藏徐悲鸿纪念馆

国画。取材于屈原《九歌》中的《山鬼》一节。图绘幽静山谷之中，一女子头戴花环，肩覆草叶，裸身，骑着赤豹。背景采用大写意渲染，山鬼形体用工笔手法，具有油画的特点。题“山鬼，青城雨后，卅二年（1943年）大暑，悲鸿写”。

徐悲鸿绘《山鬼》画稿

懒猫

1943年

纵150厘米　横54厘米

现藏徐悲鸿纪念馆

国画。绘向日葵丛下，一猫张嘴伸懒腰，两猫蜷缩在一处酣眠。猫的形象描绘得栩栩如生。用懒猫形象嘲讽不思进取的达官显要。题“癸未（1943年）暮春，磐溪中国美术学院。晴日，似乎逸兴，又非敢自逸也。悲鸿漫识”。又题“静文爱妻保存”。

癸未暮春磐溪中國美術學院晴日
仙仙乎逸興又非敢自逸也 悲鴻漫寫
靜文賢妻保存

徐夫人像

1943年

纵36厘米　横27.5厘米

现藏徐悲鸿纪念馆

素描。绘徐悲鸿夫人廖静文肖像，刻画了人物沉静、内省的性格。题记“静文初度前夕。悲鸿第三次写之，癸未（1943年）春仲”。

廖静文生于1923年，1943年与徐悲鸿订婚，1946年与徐悲鸿结婚。

静文初度前夕
悲鸿第三次
写之
癸未春中

天寒翠袖薄

1944年

纵150厘米　横55厘米

现藏徐悲鸿纪念馆

国画。绘古代仕女倚于竹林中。竹竿用粗笔画出，稍加渲染显出质感，气韵盎然。仕女与其他人物画一样，用中国传统的线条勾形，并吸收西洋画中的技法，略加明暗和光影渲染，笔墨流畅，色彩淡雅。署款“卅三年（1944年）三月，悲鸿第廿二次写少陵诗意，于重庆磐溪”。

鲁迅与瞿秋白

1951年

纵62厘米　横47厘米

现藏徐悲鸿纪念馆

素描。是为创作油画而作的素描稿。徐悲鸿曾访问瞿秋白的夫人杨之华，鲁迅的夫人许广平和他的胞弟周建人等。对于鲁迅和瞿秋白的衣着、性格、生活习惯以及两人的习惯动作、表情等做了详细了解，曾作多幅素描草图。但因身体原因，油画未及完成。

徐悲鸿文选

评文华殿所藏书画

各国虽起自部落，亦设博物美术等院于通都大邑，俾文明有所展发。国宝罗列，尤其珍重，所以启后人景仰之思，考进化之迹。独我中华则无之。可慨叹也！而于东方美术代表之国家，其衰也，并先民之文物礼器，历史之所据，民族精神之所寄之宝物，悉数而丧之，使靡有孑遗焉，不尤可痛耶！吾往来南北，所见私家收藏古件可万计，佳者固夥。但生民憔悴，居吾旁者复以重利相啖诱，其存也亡也未可必。且嗜古之士，大抵均昔日治东方学者之遗继，自今收藏家子弟得与乃祖乃父同其笃好乎？自未可知，自可为物危也。虽然，吾后起者倘有幸能以世界之美术物饫我印象，以世界之自然物扩我心志，有所凭焉，讵患不能自立！特吾古国也，古文明国也，十五世纪前世界图画第一国也，衰落至一物无存焉，不当引为深耻耶？嗟何术矣！愿与吾同志发奋自振，请从今始。

戊午三月，与画法研究会诸同志观清之文华殿古书画，以鄙见评之如左。

最佳者：徐熙《九鹑》卷，惠崇《山水》卷，黄筌《鹰逐画眉》立幅，李相《山水》，林椿《四季花鸟》卷，赵大年《春山平远图》，赵子昂《山水》卷，张子正《花鸟》册，实父《仙山楼阁》，朱纶翰《松鹤》大幅，郎世宁《白鹰》，徐扬《山水》，东坡《治平帖》。

次佳者：苏汉臣《婴戏图》，龚圣予《钟馗懋迁图》，李龙眠《山庄图》卷，郭熙《记碑图》，王蒙《山水》，钱舜举《洗象图》，云林《山水》，沈石田《山水》幅，金廷标《山驿图》，董（其昌）临范氏（中立）及巨然（作品），恽（南田）画菊，智永《千文》。

南唐徐熙画《九鹑图》卷，精工妙丽，其结构天然，设色浑逸，笔力复遒劲。凡用作写花鸟之长，于彼一无遗缺，宜乎冠绝千古，无人抗衡者也。凡鹑之喙、之目、之羽、之足，逼近真鹑，无少杜撰，而于俯仰、瞩啄、飞翔诸势，尤运匠心，臻乎妙境。其草木野花衬托之物，亦皆精意摹写，如干之劲，叶之灵，草之柔，花之简，雅而不繁，非其全才谁能至，此为全璧！不可思议。

五代黄筌《鹰逐画眉》幅，精神团结，情态逼真，虽无款识，诚非黄筌莫能作也。其趣视徐熙略异，徐尚工雅，黄尚简劲，二者相衡，莫能轩轾。本幅以鹰之疾转，厥状恣厉，为最得势。画眉趋避危急，毕具哀鸣之态。其小树枯草，均以焦笔出之，允称丛驱，此则尤难能可贵者也。其鹰眼之疾，翅之劲，画眉之喙爪之瘦，阅者均不可忽意失之。

宋惠崇《山水》卷，浑秀极矣。其画派在当时殆独创。凡作平原而悉渚岸萦回之势之花木水石错杂辉映之韵，他人莫之逮也。惠崇僧也慧矣，有御者题诗，尚不恶，此尤为画幸也。

李相无赫之名，其画则绝佳。本幅层峦叠嶂，气极雄古，远近皴点分明，可师法也。其笔既妙，其景尤佳。山势盘旋而上，直抵云顶；山径曲折，约略可指；悬瀑幽壑，间以石梁。近处则长松挺秀，古雅无伦。山人群集，如无怀、葛天之民，悠然怡乐。房屋界画尤精，巨石横亘水际，状奇丑尽致，水流清泓，似可掬而饮也。

林椿《四季花鸟》，工研极矣。宋人作画，其布置最精，故虽毫点厘画略无板刻意。唯其工细，故花瓣之倾侧，叶之反正，蕊之娇，蒂之固，其态乃毕现。而鸟羽之郁丽，及分配布置，乃能悉合美理，靡有缺憾。今人以刻画为工，失之远矣。

赵大年画，彼中有二幅，一卷一立轴。卷柔曼无足奇，直系赝物。轴则春山平远，葱郁润逸，观之神往。此非专持笔墨之精到，亦景之妙致之也。古人写山水，恒不计景物之佳否，即纵情挥写，其成也如一张杂乱之山水木石标本，有何美趣足以动人？如此画木之疏，望之远，水之清，山之秀，对之心旷而神怡焉，不可贵哉！贺履之先生以为未必真迹，吾则不以姓名为重也。

元赵子昂《山水》卷，工雅典丽，得未曾有。景物幽逸，画笔灵巧，不愧大家。清流激湍，数人据一廊，濯足其间，群松迤逦，大田万顷，青绿交辉，云山霭黛，真奇制也。

张子正《花鸟》册，写生入神，其鸟其花，虽以简笔出之，而工致独绝。此其功力之深，不可几及，非如李复堂辈漫无纪纲，瞎画妄涂者比也。（此册今不在，乃前所见也）

明仇十洲《仙山楼阁图》，以仅尺余之笺，作楼阁连亘，椽缆如丝，人仅若蚁，真神工也。云山缥缈，亦极有韵致，惜为俗人打满俗图章，画损色不少。

清朱纶翰指画大幅《群鹤松图》，伟丽空前，莫与伦比。笔法极苍润，设色极浑雅，吾前未之见也。群鹤游适极自然，泉石最佳，旷古莫能作者。松以最近数株为极则，左边略远者，略嫌未尽善，松针亦未分疏密隐现，为微瑕可惜也。

郎世宁以意大利教士来东夏，无端遂以画名，以其欧法施诸我脆弱之纸绢，能愉快运用，诚称不易。唯意大利此时拉斐尔出，彼不能传其长，以贡献吾华，非其忠也。吾见彼画可十余幅，其精到诚非吾华人所及，所欠者华画宜有韵耳。今之欧画已完美至极度，但彼时尚未也。所悬《灵芝献瑞图》大幅，壮丽独绝。白鹰立岩上尤骄纵可喜，泉水潺潺若闻其声。紫藤系于松上，婀娜新鲜，为最耐寻味之点。其余若草若石，均俟改良。芝极佳。松本太屈曲，然其画法佳也。

徐扬画精极，有清一代画山水者独盛，而未有一人特过前人，兹有之，其维徐扬乎？画悬于清之文华殿者，若徐扬之作，亦足使人满意矣。本幅为大帧山水，结构极精，云山苍苍，尤足辟前人稀有之境，其石古，其山峻，其水活，其树郁而理，其人简而雅，其景宽而幽，其气雄而厚。清之山水，吾鲜取，然得此一帧，足使人无憾矣。

苏书固佳，此《治平帖》真佳绝。钟张二王之真迹不可见，但使彼重作《治平帖》上数字，恐未定过长公也。在南见陈希夷真迹，来北则见此《治平帖》，可以餍足愿望矣。

苏汉臣《婴戏图》，设色极雅。所作小孩，未能竭天真烂漫之态，其工洁足多耳。

苏汉臣绘《婴戏图》

龚圣予《钟馗懋迁图》，殊诙诡可喜。小鬼百十，无一不神情毕具，而于数鬼打翻扛物之态，尤杂乱可笑，开滑稽讽世画之先矣。树木结构均佳，山略嫌未逮。

郭熙画所见不多，此《访碑图》殊秀且健，人马至工整可法，赑屃负碑亦挺拔，古木森然，树瘿剥落均有致，但树法变化太少，为微憾耳。

王蒙为元四大家之一，后人崇拜至于极，所见真迹亦夥，但终嫌彼胸中丘壑太多，淋漓满纸，未能尽当也，顾其笔墨无可议。

钱舜举花鸟可继徐、黄，人物亦佳。凡工花鸟而又能精人物者，为至难能之事。《文殊洗象图》，绝清雅，可传也。

李龙眠《山庄图》卷，绝工细，有神采，水亦佳妙。白描良不易，可传也。

云林《山水》在其中者，均非精品，古木竹石尤不真，山水幅略有意耳。

沈石田之画本在仇、唐之下，但兹山水幅，绝清奇可喜。恽画《南竹石》幅，秀气夺人，可爱也。

金廷标画本不雅，然殊有力量。用写作石角嶙峋则甚合，其山驿驴夫拉扯之状殊入神，诸人夫及驴亦绝佳。吾人论画当就画立论，不必以人举画，以人废画，为艺外人之言也。然则此画可贵矣。

智永《千文》极茂密奇整，某跋以为学钟太傅，则殊附会。其书实出自右军，若谓右军亦出太傅，彼直远

王蒙《葛稚川移居图》轴局部

绍之，何不径谓之远绍中郎哉？是宜清界限也。

鄙人所见陈列物之佳者止于此，香光有数件颇佳，但彼之书画均薄弱少力量，画略秀，书则孱弱尤不堪，不足称也。

徽宗之画甚佳，若其书，直野狐禅。近人常以篆笔作草书（如吴昌硕），以散氏盘作北朝今隶（如李瑞清）自矜，真可叹也。盖各体中笔意变化，已不可思议，尚何待从他处假借，势必至如今日姜妙香之道白，半粗音半细音，极难听而后止，而所篆者复不篆也。此意，吾侪学者应知之，毋为所惑（若各体并精者，是有相喻忘形之处，然高妙如邓石如尚未逮，他人岂许冒充）。

阅古人作物，一见即奇异，或叹所见不如所闻，此为第一天性。若待人述或己默想其历史之妙点，然后相喻，此为第二天性。凡学者宜先以古人与今人一较，再与自己一较，今人无可及，自度以终不可及，再细审彼作品中有独到，使人不可及之处，如此一衡，彼之价值与己之价值均出。今人之所以不及古人者，以其己身本来未设想，或预备一位置也。吾人幸毋蹈此自弃之恶性，则或有进化之机乎。

注

1918年5月5日，北京大学画法研究会导师徐悲鸿、贺履之、冯汉叔三人，率领会员二十三人赴文华殿参观所藏书画，上午10时入殿，至下午1时半参观完毕。悲鸿对于所见书画评论甚多，该文据《画法研究会纪事第十五》一文所载。

故宫所藏绘画之宝

历史上稀有之物，辄号曰“国宝”。吾国立国五千年，具国宝资格之品物，应有不少。顾不肖子弟，不自珍惜，百年以来，或遭豪夺，或受利诱，辗转迁移，流落于他邦，成为他人国宝者，吾之所见，已不下千百事。反观吾国所遗，所谓文物之宝，如画，如书法，或吉金刊石之属，人视为国宝者，世已不得会观。此次中英艺展，不佞忝为专门委员，与邓以蛰先生同在故宫博物院上海堆栈审查书画二百余件，颇得纵观之乐。《大公报》索为短文，爰举个人感想，叙其优劣。不佞见解偏执，或不独得四王同乡人之同意也。

中国人自尊之画为山水。有两国宝，已流落日本，一为无款之郭熙画卷，一为周东村《北溟图》。中国所有之宝，故宫有其二：吾所最倾倒者，则为范中立《溪山行旅图》。大气磅礴，沉雄高古，诚辟易万人之作。此幅既系巨帧，而一山头，几占全幅面积三分之二。章法突兀，使人咋舌！全幅整写，无一败笔。北宋人治艺之精，真令人拜倒。

一为董源《龙宿郊民》设色大幅。峰峦重叠，笔意与章法之佳，不可思议。远近微妙，赋色简雅，后人所为青绿，肆意敷陈，不分前后，莫别彼此者，当知所法。郭河阳有四幅，其山林一帧，清音遐发，不同凡响。

马远多幅，仅《华灯侍宴》足观。夏圭《西湖柳艇》，写傍水生活，美极矣！其处理舟楫菱苇，乱而理，熟而稳，色尤和谐，信乎其为杰构也。

此外，若李唐《雪景》，李迪《风雨归牧》，及无名氏《溪山暮雪》俱佳。尤以阎次平之《四乐图》，岩石之勾皴法，树木之挺秀，俱戛戛独造，别开生面。惜后人无嗣响者，至巨然大幅，似非真迹。

花鸟乃吾国美术精诣，亦两宋人绝业，其杰作若林椿《十鹊》，生动天然，作风尤高妙。其布局于聚散飞止各态，极见经营之工。崔白双勾《风竹与鸲鹆》，确是杰构，可爱之至。

李迪《风雨归牧》

赵昌《四喜》，虽无林抚之雄奇，而特为秀逸。又鲁宗贵《春韶鸣喜》，确是佳幅。至徐熙、黄筌、元吉、黄居寀等巨子，此次未有出品。

宋徽宗画，故宫藏者，吾未见之。皇帝大画家，乃世界少有。其大名世多知之者，当以佳幅出陈，以餍众望。赵孟頫乃吾国历史上最大画家之一，惜故宫无其作品。元四家为八股山水祖宗，唯以灵秀淡逸取胜，隐君子之风，以后世无王维，即取之为文人画定型，亦中国绘画衰微之起点。此次有吴仲圭《洞庭渔隐》，尚有浑

吴仲圭《洞庭渔隐》

重气概。黄子久画，为恶札所毁。唯高克恭《雨水》，略多滋味，较一味平淡之倪高士画为胜。

明人画，自推仇十洲《秋江待渡》为第一。图写人物树木山水，层次井然，洋洋大观，无一懈笔，但非表情之大结构。就画而论，不亚于流落日本之《春夜宴桃李园》一图。如此功力，使人敬佩！

明宣宗写《壶中富贵》，殊为精能。唐寅《暮春林壑》，确见独创作风。陆包山《支硎山图》，作法巧妙，此公为画中最巧之手，而又不流于熟者也。

若陈老莲，若石涛、石谿、八大等怪杰，俱当时流亡之人。如“破碎山河颠倒树，不成图画更伤心”等句。如何可令当时战胜征服之君主所注意。所以此类杰人作品几濒绝迹。至对八股式庸俗模仿抄袭之作品，等之自桧以下，不足置论。鄙意以为送三四件以备一格可矣。

自来中国为画史者，唯知摭拾古人陈语，其所论断，往往玄之又玄，不能理论。且其人未尝会心造物，徒言画上皮毛笔墨气韵。粗浅文章，浮泛无据。此次多见真迹，可订正盲从之伪。又此次无人物，曾建议取宋太宗像（皆中国画中大奇）陈列。此为世界首出之华贵像。前乎此者，莫与伦比也。

论中国画

吾于“中国画展序”中[①]，述中国绘事演进略史；举唐代Intellectialisme[②]为中国美术中兴。吾今更言此派之流弊及其断送中国美术之史。

夫一派之成功，均因所含之各elements[③]成熟之混合。成熟之为用，亦不能保持，久则腐败，理之固然。吾中国唐代中兴绘画者，为阎立本、吴道子、李思训、王维、郑虔等人。而王维、郑虔，尤诗人之杰出者。观察之精，超轶群流；所写山水，极饶雅韵，遂大为士大夫所重（前于绘事，只推为工匠之能）。故后世特张此派，号为“文人画”。顾在当时，皆诗人而兼具工匠之长者也。画家固不必工诗，但以诗人之资，研精绘画，必感觉敏锐，韵趣隽永，而不陷于庸俗，可断言也。故宋人之善画者，亦皆一时俊彦，如范宽、李成、米芾等所作山水，高妙无伦。而米芾首创点派（Pointillisme），写雨中景物，可谓世界第一位印象主义者（Impressioniste），而米芾12世纪人也（北京故宫博物院有一幅[④]）！

中国最古之画，如汉书所载光武图功臣于麒麟阁，又毛延寿之谗写明妃古事[⑤]，必如今日之Fresques[⑥]及GoLlache[⑦]。中国相传造纸始于蔡邕[⑧]，2世纪人也。初造之纸必不能作画。

3、4、5世纪，佛教盛行中国。画家辈出，如曹弗兴、卫协、顾恺之、陆探微、张僧繇[9]等人作品，俱属崇饰庙寺壁间佛教画，皆Fresques也。苟欲精于绘画，必须长时间之研究。中国传统习惯，首重士夫，学治国平天下之道；故上流社会，苟非子弟立志学画，绝不令辍诗书。在昔时教育无方凡习画恒不读，唯谢赫、宗炳，乃画家而擅著述，殆文人画家之祖。然未能于绘画上有所更革也。此类画家[10]，有如凡·爱兄弟、孟林、费腾、曼特尼亚、贝里尼、干斑曲之流[11]，俱头等Techniciens[12]，皆精极章法、色彩、素描等等者也。

至诗人王维，创水墨山水，破除常格。于是张旂一笔写两枝古树[13]，大胆挥写。刘明府之山水障[14]，据大诗人杜甫所赞“元气淋漓障犹湿，真宰上诉天应泣”者，必于历来绘画之方术大异。故唐画既大成已有之方术，又创新格，且多第一流人物从事于此，所以有中兴之业也！

宋画之盛，实因帝王为之鼓奖。首设画院[15]，罗致天下之善画者，且以之试士。向唯工匠所治之业，今则士大夫皆传习之。其有专精一类者，皆卓然成大家；而所作几为绝业（indepassable[16]如徐熙、黄荃[17]、黄居寀、易元吉等之花鸟，真美术上之大奇也，皆Realisme idealise[18]者也）。宋之与唐，譬如接树，虽极递演亘多时，仍得佳果。以后遂如取果种子埋之于地，令其自长，则元后之衰也！

顾恺之绘《女史箴图》卷局部

写实主义太张，久必觉其乏味。元人除赵孟頫、钱舜举两人外，著名画家，多写山水。主张气韵，不尚形似，入乎理想主义（idealisme）。但其大病，在撷取古人格式，略变面目，以成简幅，以自别于色彩浓艳工匠之画，开后人方便法门。故自元以后，中国绘画显分两途：一为士大夫之水墨山水，吾号之为Amateur[19]（彼辈自命为“文人画”Peinture intellectuelle），一为工匠所写重色（tempera）人物、花鸟。而两类皆事抄袭，画事于以中衰。

自宋避金寇南迁都于杭州，太湖流域遂成中国七百年来美术中心。元之大画家多出于江浙，明代亦然。若戴进、文徵明、沈周、周臣、唐寅、仇英、陆包山、吕纪。仅有两人例外，则林良开派于粤东（以后此派永有花鸟作家，至今日如陈树人），吴小仙起于湖北而已。而董其昌者，上海附近华亭人。以其大学士身份收藏丰富，为一极佳之Copiste[20]。因其名望之隆，其影响及于一代，故“四王”[21]演派之盛，得能稳定抄袭之，人即视为画艺之工；其风被三百年，至今且然，董其昌开之。李笠翁[22]以此投机心理为《芥子园画谱》，因而科举出身之二百年以来文人称士大夫者，俱利用之号为风雅，实断送中国绘画者也！

中国近世美术以何时为始实至难言，若以一人之作风而论，则大胆纵横特破常格者，为16世纪山阴徐渭文长，彼为著名文豪诗人，其画流传不多，故被其风者颇寥寥。唯明亡之际，有两Princes[23]为僧，曰八大，曰石涛，二人皆才气洋溢，不可一世。其作风独往独来，不守恒蹊，继徐文长而起，后人号之曰写意，实方术中最抽象者也！故吾欲举徐文长为近世画之祖。

八大、石涛，董其昌同时人也，稍后辈而已[24]。因隐遁之故，其作品不煊赫于世。但四王中之王廉州，即称“大江以南无过石师右者”[25]，实则大江以北更无人也（王觉斯[26]只可谓书家）！顾八大、石涛同时尚有一天才卓绝之陈老莲。

宋虽画学极昌盛，名家辈出，但无显著之Styliste[27]，且作家亦多工一类，无兼精各类者[28]。陈老莲人物、花鸟、山水无所不工，而皆具其独有之体式（originalite），实近代画家唯一大师也（金冬心、黄瘿瓢亦佳）。

近代画之巨匠，固当推任伯年为第一，但通俗之画家必当推苏州之吴友如。彼专工构图摹写时事而又好插图，以历史故实小说等为题材，平生所写不下五六千幅，恐为世界最丰富之illustrateur[29]。但因其非科举中人，复无著述，不为士大夫所重，竟无名，美术史不若欧洲之Gustave Dore ou Adolf Menzel[30]之脍炙人口也！

徐悲鸿《论中国画》后记（张安治）

约在1938年春季，徐悲鸿先生拟去南洋、印度一带举行画展，在即将离开桂林的前夕，以此稿交我清录一遍由他带走，原稿即留我处。当时此稿是否拟定了题目，已不能记忆。亦未闻以后在国外或归国后在何处发表。

此稿写作时期，应在1933至1934年他携带一批现代中国画家的作品赴欧举行中国画展览期间，或为进行学术演讲的讲稿。因文中的一些专门用语和外国画家人名，多用法文，或中、法文并用。

文章概括论述了中国画发展过程中许多杰出的画家和存在的问题；重点是评论“文人画”。悲鸿先生从来不用旧学究的态度谈美术史；他从画家的角度，特别是从他同时具有中国画和西洋画素养的角度来品评人物及画派。敢于独抒己见，敢于否定陈腔滥调，并热衷于鼓吹创造，激励后进，梦寐以求中国美术的复兴！

由于他成名较早，足迹遍于全国各大都市，结识了许多名画家和收藏家，兼及一些西方和日本的公私收藏，观摩过很多历代名迹，有很丰富的感性认识，他在评论一些古代和近代的画家时，对崇仰者热情洋溢，对影响恶劣者痛心疾首，表现了艺术家的纯真坦率，并且大多确有见地，立论一针见血，非常精辟，也能够一分为二。例如此稿中虽着重批评了“文人画”的徒重模仿，但对历代优秀文人画家的成就也充分肯定。在开始部分，就谈到一个画派的成功，离不开各种条件的成熟；这就否定了旧文人和一些资产阶级学者以为美术或绘画艺术可以孤立地发展或仅凭个人天才来发展等荒谬论断。

他认为12世纪米芾山水画的技法风格已具有“印象派”的某些特色；以为在元代以后，“文人画”和“工匠画”分道扬镳，临摹盛行，导致中国画的衰落；特别是以南北朝的宗炳、谢赫为“文人画家之祖”，以及接树和埋果的比喻，都是大胆的创见。过去的美术史家，或推顾恺之，或推王维为“文人画”的创始人。实际正如徐先生所谈：唐代王维、郑虔等是“诗人而兼具工匠之长”，东晋的顾恺之也是这样。他们虽是文人，其部分作品虽已含有文学的因素（如顾的《洛神赋图卷》、王维的山水画等），但还不是典型的“文人画”。宗炳、谢赫虽没有作品流传下来，但他们在理论上较明确地表白了“文人画”的创作思想。如宗炳以为画山水是一种“仁智之乐”，是为了“畅神而已”；谢赫在他的《画品录》序中，把“气韵生动”放在“六法”的第一位。这些都是以后文人画家进行创作的重要理论根据，影响深刻而久远，因此称他们为“文人画家之祖”是很有道理的。文艺的发展常需要新条件的刺激，促进其转化、演变。当然这种新条件最主要是政治、经济方面的新因素，有时外来技法的影响也有一定的作用，的确有点像果树经过嫁接而果实的品质和产量常有所提高。如原品种埋果核于地，反退化结不出佳果，正是一味保守模仿前人使作品僵化的生动比喻。

文中也有个别问题，如以徐文长为我国“近世画之祖”，还有待于继续探讨。从文人画的发展和技法特点看，徐渭既擅长于诗书画的结合，更放纵大胆，泼墨淋漓，为以后大写意花鸟画的先驱。八大山人、李复堂、吴昌硕、齐白石等，都对他极为推崇，并丰富、发展了这一画派，而且他们比较富有创造精神，在现代世界艺坛也享有广泛的声誉。所以，徐文长的贡献和影响的确值得重视。但中国“近世画”的范畴和含义究竟如何？是否仅限于这一流派？这些问题当时徐先生未能多加考虑，只大致与西方的“近代美术”相对比。这和写稿时期是在抗日战争以前，又是在国外旅行中等具体条件有关。还有几处提到的人或事的年代、名称等稍有差误，在桂林重录此稿时也匆匆未及加以考查订正。

不幸悲鸿先生在1953年因病去世，仅享年五十八岁。重读此稿，深有感受，特提供《美术》发表，并述经过及附以必要的注释，既作为对他逝世二十五周年的纪念，对于我们今后探讨中国绘画的发展和得失，也将是值得注意研究的资料。

①指在1933年至1934年间于法、比、德、意、苏联诸国举行《中国画展》时所印目录中的序言。

②即指“文人画派”。

③因素或条件。

④解放前旧故宫博物院藏有米芾《春山瑞松图》。

⑤史载汉元帝凭画像召幸后宫，宫女王嫱自恃貌美，不给贿赂。画师毛延寿因写其像较丑，被远嫁匈奴，故称为“谗写”。

⑥为壁画。

⑦即水粉画。

⑧应为蔡伦，笔误为蔡邕。

⑨张僧繇，南北朝后梁画家，应属6世纪。

⑩即指谢赫、宗炳等，他们在理论上可算“文人画”的创始者，但技法上估计仍甚严格，继承传统，类似西欧文艺复兴前期的一些画家。

⑪Van Eyck（凡·爱）兄弟为14世纪晚期至15世纪前期尼德兰画家，油画创始人；Ham Hemling（孟林）（1425？—1492？年）佛来密斯派画家；费腾不详；Andrea Mantegna（曼特尼亚）（1431—1506年），意大利画家；Jaeepe Bellini（贝里尼）（约1400—1470年），意大利画家；Carpecio（千斑曲）（1450—1526年），意大利画家。

⑫意为技巧精熟者。

⑬宋代郭若虚《图画见闻志》卷五《故事拾遗》中，张“尤于画松特出意象，能手握双管，一时齐下，一为生枝，一为枯干，势凌风雨，气傲烟霞”。徐先生当系据此，但误记为“一笔写两枝”。

⑭杜甫诗集有《奉先刘少府新画山水障歌》，据“玉钩草堂本”题下有注：“英华题云：‘新画山水障歌，奉先慰刘单宅作。’”按唐代县令可称“明府”，县慰称“少府”。徐先生将少府误记为“明府”。

⑮五代时后蜀最早设“翰林图画院”，南唐继之。至宋代规模更为扩大。

⑯意为不可逾越之作品。

⑰黄荃应为黄筌。

⑱现实主义理想化，亦即现实主义与理想主义相结合之意。

⑲业余作者。

⑳模仿者。

㉑清初王时敏、王鉴、王翚、王原祁被称为“四王”。

㉒《芥子园画谱》为清初画家王概等编，刻板于李渔的别墅芥子园。李渔，号笠翁，浙江钱塘办，著有《李笠翁十种曲》，为当时著名文人。徐先生误记为画谱编者。

㉓意为王子。

㉔ 董其昌（1555—1636年），八大山人（朱耷，1626—1706年），石涛（1641—1718年）。

㉕ 王鉴，字园照，曾任廉州太守，故被称为王廉州。据郑昶著《中国画学全史》“王太常曰：‘大江之南，无出石师右者。’”王太常为王时敏徐先生亦误记。

㉖ 王觉斯为明末书画家王铎。

㉗ 意为创体者。

㉘ 此语亦未考虑周到，因如李唐、刘松年、梁楷等兼长人物、山水；马远、马麟、赵佶等兼长山水、花鸟、人物。

㉙ 插图家。

㉚ Gustave Dore（1832—1883年），法国画家；Adolf Menzel（1815—1905年），德国画家。

（采用张安治教授注释并订正几处）

中国画改良之方法

中国画学之颓败，至今日已极矣！凡世界文明理无退化，独中国之画在今日，比二十年前退五十步，三百年前退五百步，五百年前退四百步，七百年前千步，千年前八百步，民族之不振可慨也！夫何故而使画学如此其颓坏耶？曰惟守旧；曰惟失其学术独立之地位。画固艺也，而及于学。今吾东方画，无论其在20世纪内，应有若何成绩，要之以视千年前先民不逮者，实为深耻大辱。然则吾之草此论，岂得已哉！

一、主旨与例

凡美之所为感动人心者，绝不能离乎人之意想。意深者动深人，意浅者动浅人。以此为注脚，庶下之论断，为有根据。例如：中国画山水，西人视之不美；西方金发碧眼之美人，中国老学究视之不美。刘洪升之歌谭迷深者不之美。王蒙、倪迂等之画，文人视之美，北碑怪拙吾人能得其美。上海月份牌，浅人视之美。欧洲之名画，中国顽固人，意中以为照相，则不之奇。西方画有绝模糊者，吾人能解其美。凡寓意深远，艺复卓绝者，高等人类视之均美。吾今特以下列各例，充吾论之主脑。古法之佳者守之，垂绝者继之，不佳者改之，未足者增之，西方画之可采入者融之。

二、学之独立

夫画者，以笔色布纸，几微之物，而穷天地之象者也。造化之奥赜繁丽壮大纤微有迹象者，于画弥不收，故须以慧眼人竭毕生之力研究之。

中国画在美术上，有价值乎？曰有！有故足存在。与西方画同其价值乎？曰：以物质之故略逊，然其趣异不必较。凡趣何存？存在历史。西方画乃西方之文明物，中国画乃东方之文明物。所可较者，唯艺与术。然艺术复须借他种物质凭寄。西方之物质可尽术尽艺，中国之物质不能尽术尽艺，以此之故略逊。

顾吾以此难施人力之物质，而欲穷造化之奥赜繁奇。人三年而艺成，我则须五年焉。人作一画五日可成，我则需八日，或十日焉。而所形容万物之情，无少异。则中国画尚为文人之末技。智者不深求焉，其有足存之道哉！

三、改良之方法（学习·物质·破除派别）

画之目的，曰“惟妙惟肖”。妙属于美，肖属于艺。故作物必须凭实写，乃能惟肖。待心手相应之时，或无须凭实写，而下笔未尝违背真实景象，易以浑和生动逸雅之神致，而构成造化，偶然一现之新景象，乃至惟妙。然肖或不妙，未有妙而不肖者也（前曾作《美与艺》，可参阅之）。妙之不肖者，乃至肖者也。故妙之肖为尤难。故学画者，宜摒弃抄袭古人之恶习（非谓尽弃其法），一一按现世已发明之术。则以规模真景物，形有不尽，色有不尽，态有不尽，均深究之。

中国画通常之凭借物：曰生熟纸，曰生熟绢。而八百年来习惯，尤重生纸。顾生纸最难尽色，此为画术进步之大障碍。而熟纸绢则人以为易为力，复不之奇。又且以为绢寿只八百，纸只二百年，重为画惜，噫！异矣。夫人习画，于生纸绢也成需六七年，且恐未必臻乎美善。熟者五年，色与形已俱尽。徒矜凭物之难，不计成绩之工拙，则戴臼而舞耳。焉用之！

且斤斤于纸绢寿之长短尤愚可哂。不知物之不良，已无保存之价值，八百年后存在问题，又胡须早筹？此与鸦片烟鬼偃起之求长生者同一陋见也！（按中国绢纸，至今日均坏极。纸则茧制者已无，绢亦粗脆光滑不可用。倭制甚精，故其画日进弥已也）

笔与色尚足用。今笔不乏佳制，色则日渐粗矣！鄙意以为欲尽物形，设色宜力求活泼。中国画中凡用矿色处，其明暗常需以第二次分之，故觉平板无味。今后作画，暗处宜较明处为多。似可先写暗处，后以矿色敷明处较尽形也。

人类于思想，虽无所不至，然亦各有其性之所近。故爱写山水者，作物多山水；爱人物花鸟者，即多人物花鸟；性高古者，则慕雄关峻岭长河大海；性淡逸者，则写幽岩曲径平树远山；性怪僻者，则好作鬼神奇鸟异兽丑石癞丐。既习写则必有独到。故吾性之何近者，辄近于何作之古人。多观摹其作物以资考助，固为进化不易之步骤，若妄自暴弃，甘屈陈人之下，名曰某派，则可耻孰甚！且物质未臻乎极善之时，其制作终未得谓底于大成，可永守之而不变。初制作之见难于物质者，物质进步制作亦进步焉！思想亦然：巧思之人，必不能为简单之思想所系动，矧古人简约，必有囿于见闻者。今世文明大昌，反掩明塞聪而退从古人之后何哉！撷古人之长可也！一守古人之旧，且拘门户派别焉不可也！今以各类尽应良之点述之如次。

四、风景画之改良（云·树·平地·房屋；余论山·石·雪·影）

天之美，至诙奇者也。当夏秋之际，奇峰陡起乎云中。此刹那间奇美之景象，中国画不能尽其状，此为最逊欧画处。云贵缥缈，而中国画反加以勾勒。去古不远，比真无谓，应改作烘染。

中国画中，除松、柳、梧桐等数种树外，均不能确定指为何树，即有数家按树所立之法，如某点某点等，终不若直接取之于真树也，尤宜改节，因中国画中所作之树节，均凹瘢者，无瘿凸者，树状全失，允期必改。其余如皮如枝，均当一以真者作法。

中国画之地最不厚，以纸绢脆弱不堪载色也。古今写地最佳者，莫若沈南苹。南苹工写土石，小杂野花，且喜点苔，故觉醇厚有气味。盖彼固得力乎写生者也。

宋人界画，本极工，但只有两面，若作斜面，则远近高低如一，去理太远。近人吴元和改正之。今已无守古法者，虽为可喜，实则今已无工界画者矣。

吾国古今专讲究山水，故于山石各家皆有独到处，但各家胸中丘壑逸气均太少耳。如李思训写北京之山，必层峦叠嶂，直造纸末。王蒙亦如此。倪元林则淡淡数笔，远山近树而已。为丘壑者必叠床架屋，满纸丘壑，不分远近，气势蜿蜒，直到其顶，胸中直具丘壑。为逸气者，日向水渚江边立，两眸直随帆影没，而无雄古之峰，郁拔之树。夫峰也树也，岂有碍逸气哉！直遁辞耳。（倘登泰山观沧海，而从侧面作一图，舍山乎亦舍海乎？两不可舍为技不已穷乎）

吾国写山水者，恒喜写雪，不如雪中可游而乐，最不宜写而观者也，若必欲逞逸兴，亦须点染得法，从物之平面上积雪，毋从不积雪处漫积之斯得矣。远山尤宜注意。

中国画不写影，其趣遂与欧画大异。然终不可不加意，使室隅与庭前窗下无别也。（参阅结论）

五、人物画之改良

尝谓画不必拘派，人物尤不必拘派。吴道子迷信，其想象所作之印度人，均太矮，身段尤无法度，于是画圣休矣！陈老莲以人物著者也，其作美人也，均广颔，或者彼视之美者，吾人则不能苟同。其作老人则侏儒，非中国之侏儒也，乃日本之侏儒。其人所服则不论春夏秋冬，皆衣以生丝制成之衣，双目小而紧锁，面孔一边一样，鼻旁只加一笔，但彼固非立法者也。后人愿抛弃良智而死学之，与彼何与哉！

夫写人不准以法度，指少一节，臂腿如直角，身不能转使，头不能仰面侧视，手不能向画面而伸。无论童子，一笑就老；无论少艾，攒眉即丑。半面可见眼角尖，跳舞强藏美人足。此尚不改正，不求进，尚成何学！既改正又求进，复何必云皈依何家何派耶！

附录

近人常以鄙画拟郎世宁，实则鄙人于艺，向不主张门户派别，仅以曾习过欧画移来中国，材料上较人略逼真而已。初非敢自弃绝，遂以浅人为师。且天下亦绝无可以古陈人之撰造而拘束自己性能者。矧郎世宁尚属未臻完美时代之美，艺人谓可皈依乎哉！日后鸿且力求益以自建树，若仅以彼为指归，则区区虽愚自况，亦不止是幸！同志诸君察焉，悲鸿仅启。

注

1918年5月14日下午5时，北京大学画法研究会请导师徐悲鸿在本会演讲《中国画改良之方法》，到有会员十五六人，由5时直讲到7时半始毕。1918年5月23日至25日的《北京大学日刊》在《画法研究会纪事十九》文中发表了演讲的全文及悲鸿《附录》，1920年6月北大《绘学杂志》转载该文时，改为《中国画改良论》，并删去《附录》。该文是根据《北京大学日刊》所载全文。

历史画之困难

顷读陈先生《田横五百士之我见》一文，征引繁博，甚有见地。不佞最欢迎此类指教。惜未在成画之前，得友博雅之君子，如陈先生其人者，多所指教。但亦有鄙见陈述，并非文过，陈先生当能鉴之。

大抵一切艺术品之产生，皆基于热情。考据自不可忽，但止于相当深度，故有文艺复兴威尼斯名画家范乐耐是（Paul Veroness）者（世界最大画家之一），全以当时（16世纪）衣冠铠甲，写历史画。如亚历山大王入大卢氏波斯王宫等，且成名画。此则以不耐考据，因帝王行动，宫殿景色，既考必须全套，便只有束手不画，其画中情感充实，主旨已达，千古读画者，亦谅其意。

迨近世考古之学既昌，各大邦都会博物院，日臻美备。一事一物，皆得实像依据，顾19世纪英国拉斐尔前派一群画家，几如黄山谷作诗，无一字无来源。其画之结果，乃貌合而神离，全不是那回事。

此非谓重考据，便定不获佳画，唯徒具优孟衣冠，必非作家目的，可断言也。

人之生活，有常与非常之别。社会状态亦然。如生活之常，则日作夕息，而古亦有夜行者。士大夫正其衣冠，尊其瞻视，便南洋习见束发之印人，或冠或不冠，要之须理发整，但统率机关，忽在一时召集之，则必有甫在冲凉叩裳匆匆而赴，或在梳栉，亦是必有之现象，而北人须髯为较稀疏，西南夷亦然（今所习见者）。至于唐阎立本以下所写之画，何能作完全之依据。且不佞虽陋，何至昭昭在人世之物，都未之见，陈先生想亦信之。

不佞十年前工作此图时，曾与胡小石先生及黄季刚先生商服饰，胡先生即以张惠言所著之书（书名已想不起）见授。其中记载，视陈先生所征笔者，尤为详尽，顾俱无实物可证。余反复玩索武梁祠孝堂山诸石刊，方知古人所云无裤之谬，仅必束其管而已。而衣冠为士大夫之常冠，赤舄则贵人服之，诗已述及。而深衣其袖前窄后宽，必为可据。不佞所加于想象生于周末之秦人田横者如是。至于衣色之深红，与佩剑，皆便宜吾全画之调和与沉郁之情绪而设，初无依据也。

且严格之考据，艺术家皆束手。盖缁衣之宜兮，缁色何从来，矿质乎，抑植物质乎，距郑较远之吴越有之否？此皆挂一漏万之困难也。且如陈先生所征引之古籍记载，即请先生画出田横赴窦婴之席旁坐灌夫之人将相三公大概衣饰，完全据依载籍从事，不佞必信陈先生将束手无策，此言其困难也。况流亡之社会，诸色人等，贵贱老少男女悉集。即令柯达公司已有代理在当年东海，亦有画中演剧者，是日适穿错了衣服机会。故指摘刺谬，乃必然有之问题与文章，画家虚心接纳此等批评，乃艺术家原有之态度。而真正问题，究不在是也。倘陈先生肯定画中人应穿何种衣服，具图具色见示，更所欢迎。

方不佞之兴也。由于蒋剑人《咏田横五百英雄》一诗，尤在其“海云岛树郁苍苍”一句，中国画上，无沉郁之格，余欲令全幅入于沉郁，而人人有殉义之气，故必须有赋色之自由，题曰五百士，而画中实三十余人，此便不能责断画中人格之贵贱。且田横五百士中，无一著名者，此即如吾抗战死难之烈士，多寻常人。而衣冠之士大夫，往往就职傀儡，大略同也。陈先生所谓“齐人之贤者……”，行文固可，说理则不必要也。故“攘臂露胸……”譬之高跟女鞋，目的达到，何必深究理由。凡此既非笑话，亦非文过之饰词，盖所谓困难也。至于服饰器用，就令完全考出（天下所无之事），尚有身经北纬几度海岛中究竟有些什么植物等问题，则令人对于正古人之动作所发生之情绪，恐将全乖。画家倘欲牺牲此点（不比戏剧可用多种动作完成），宁可不画之为愈矣！陈先生能思及此，度必首肯。

秦李二君之批评拙作《九方皋》文，曾未之见，二君于不佞，缺乏善意，故无一辩之价值。拙作较成功者，至今尚以《九方皋》为第一。惜知音不多（当然有之，并为真正之知识阶级），因其必欲视为历史画也。虽《田横五百士》，亦不宜以历史画看。因五百士之历史，只有“自杀”二字，此旨微妙。唯如陈先生者，当能喻之。而陈先生文中“……不从汉则应从秦或从周”之论，正犯着为考据者共同之病。陈先生细心一想，当必哑然失笑也。宁不知杂乱无章之俗语乎。

兹再将鄙画中所有各物一一书列如下，并无遗漏。

冠。皆有缨，冠之用为使发不散乱（见《左传》子路濒死之语）。武梁祠画者多前突，至朝鲜乐浪出大汉画，皆较小。其时其地最近，故为依据。至陈先生所谓冠，尚祈为图详告。

剑。古时皆铜剑，今尚多存者。唯鞘之制，与佩剑之式，只能出之想象，倘有确实可据之图，甚望见教（唐以后物不要）。

衣。深衣，如田横所服。破衣，如流亡诸壮士所服；其所破之程度，与破在何处，如何而至于破，则出之想象。绿衣，见《诗·卫风》。

枸。裹头用者，友人曾示我以《后汉书·舆服志》，谓秦时有之。

裳。画中两妇人服之。

短衣。《汉书》“通儒服。汉王（高祖）憎之，乃变其服，服短衣”。

裤。武梁祠石刊。

舄。如横所着。

履。孟子巨履小履同价，人岂为之哉。只黄衣士穿一破履。难识其精确之状。至于长靴，倘入鄙画，必更遭物议。

带。据张惠言书。

其外无据者，如乘马（古者乘舆）具有鞍及缰绊，以应画用，纯出杜撰。幸陈君谅我不提，因画舆便无表情，且我在右端需一暗白色，此外便无他物。

故谓鄙画完全无据，幸友人张罗得些故实如此，供我抒情之用。自谓粗足。若必欲吹毛求疵，问哪位何故赤脚，不佞非不能答，其答词，或者使人将笑得肚痛，或者使人太难过，是以免。

漫谈山水画

我们在今日与帝国主义做艰苦斗争之际，绘画与一切艺术，均须正对现实，整饬工具，反而来谈山水画，可谓不切实际；而且我又在百忙，动机是友人蔡先生偶然与我说起有人向他提出山水画问题，需要做一答复。我因此事与我国文化遗产攸关，研究颇久，手头材料，亦还不少；便自告奋勇，检讨一番，代其答复。

山水之为画，当然不可能有积极性，它是资产阶级的心力收获之一种，所以它也成为遗产。我同山水画上之造诣，有人认为是人类创作中之一奇H.C.Wells；我们就山水论山水，确实有它的独到处，是可以值得骄傲的。

山水于画中为最后起之成物，因须综合人物、鸟兽、建筑、营造、树木、山水，一切构成在一幅中，非样样东西达到完成，不能有山水画；而画家又必须样样精通，才能创制山水画。所以真正有中国性格之山水画，成于8世纪之水墨山水创作者王维。比较完成西洋风景画之荷兰雷恩代（Roisdael）、霍贝玛（Hohbema）、法之洛兰（Claude Lorrent）、意大利之干奈来笃（Conaletto）（17世纪）几乎早几千年。15世纪末意大利文艺复兴时代贝里尼（Bellini）及达·芬奇（Leonardo da Vinci）画中，好以风景山水作远景，但未发展成立山水画，而中国大小米好为韵味深远之雨景，始用点，尤早过法国印象派Impressionisme千年（彼用色调此用墨彩，求取韵律，原理则同）。而山水画中巨人，如荆浩、董源、范宽、李成、郭熙、郭忠恕、米元章、李唐、马远、夏圭，皆有杰作可稽，造诣真确（宗炳、大小李将军、王维、王宰、张璪、关仝、巨然辈，其画全失，或无杰作，存而不论）。如范宽之《溪山行旅》（故宫博物院），宋人《溪山暮云》（传

范宽《溪山行旅》

李成笔，故宫博物院藏），郭忠恕《岳阳楼》（方雨楼藏），夏圭之《西湖柳艇》（故宫博物院），《北溟图》（明周东村画藏日本），《风雨归舟》（金冬心），真可说是百世以俟圣人而不惑，尤古常新的东西！因为范宽居太华，习见雄峻之山，董源居江南，则不为叠嶂，写出真情真景，所以至今日，仍于吾人亲切之感，便是倪云林、黄公望、吴仲圭辈文人画（人以为对于外族统治消极的抵抗），亦不脱离写实；仅王蒙好为长幅层峦，移远景直立，作近在咫尺之像（《青卞隐居图》等），显得矫揉造作。但其树法，实古今第一，无人能及，如倪、黄所作，皆二三五年长成嫩枝，不得谓之树木，不及王蒙树法远甚。但元孙君泽，明之周文清、沈石田、仇十洲、袁江辈，皆能外师造化，中得心源，其作品多远离当时统治阶级俗气，得隐逸之趣；此文人竭尽心力之成功，不同于董其昌辈，达官显宦，想不劳而获的投机分子的末流文人画。所谓人物鸟兽营造花木山水样样精通，方画山水者，此辈人物鸟兽花木营造件件不会，方画山水！到了四王，专意贩卖古人面目，毫无独创精神。（古人所谓仿某家，模某人者，因画中作风偶然与古某人相近，恐后人讥其抄袭，索性自己写明仿模某人，有谦虚之意，到了后来，非仿模古人，不得云作品，真是奇谈）到了李笠翁，便纠合画家，编了一部三个月速成的《芥子园画谱》，让当时那些念书人学几笔画，附庸风雅，于是扼杀了中国全部绘画，不仅山水一门，亘三百年，因为有了《芥子园画谱》，画树不去察真树，画山不师法真山，唯去照画谱模仿，这是什么龙爪点，那是什么披麻皴，驯至连一石一木，都不能画，低能至于如此！可深慨叹。而欧洲自十九世纪英国康斯太布尔（Constable）、透纳（Turner）两大风景画家出，将中国山水画家所夸耀的（神韵境界）完全做到；一直发展到印象主义的莫奈，将天涯海角，悉成画材，平地草堆，包含光气，着手成春，皆能动人；即便不能创派的画家，如德国之安亨拔赫（Ahenhach），法之陀皮尼（Dauhigni），俄之列维坦（Levitan），瑞典之滔鲁（Taulow）也都能依据自然，写出佳妙作品，超出古人，不像我国，每况愈下。仅有清初石谿、石涛，自抒性灵，略有古人作厕遗意而已；至精深博大，高古雄强，都不逮宋人远甚。石涛因游踪较广，颇能会心造物变化，不为成法格局所拘，但写人物、树木，俱功力未逮，近人虽好言石涛，究不能举出石涛精品为何幅也。

技法之检讨金碧山水

在画幅上所存中国最古之山水，应推有名之展子虔幅（张伯驹藏），此幅无款，但可断为王维前物，因尚未及于成熟之山水也；宋以后人，多喜仿大小李将军之金碧山水，实中古人守印度画的作风小变；但青绿山水，亦具至理，我在1920年在柏林见德国画家他貊（Hana

Thorna）几幅风景，逼近中国青绿山水，但接近自然，风格逼真；后于1940年夏，居喜马拉雅山，偶至客乡（Kashen）附近七千尺左右高处，望十余里外对面满种茶树之山上，全是中国画青绿山水四青与四绿（若古人用头青与头绿，则推演出而将就用之，实胡闹也。实因古人无花青藤黄），此必在高处，且山上全披葱郁之植物，于繁茂之际，观者必须置身同等高处。平视（高视便无此色）不太远亦不太近，日光斜照，方得此淡石青石绿之美丽色彩；用赤金勾出，更有意义；因如太阳正射，则山势失其起伏；如反射，则成一片灰色；若用浓墨勾出山势，则嫌太重；倘用淡墨，则又显得软弱；只有用赤金勾出，恰到好处，又显得光彩，我想大小李将军，当年皆活动于陕西长安一带，可能在秦岭，或在山西五台山习见此种景色，故善画之如是（金碧山水）。在中国西南部，若四川、云南、贵州，应常常看到如此真景，江苏的董其昌硬派太原王维为南宗，因其大概少写江苏所无之层峦叠嶂也。王维画现在世上已不存在，我们推崇他，因根据苏东坡诗"……吾于维也敛衽无间言"。因为唐宋绘画水准极高，能令东坡倾倒如此，必是一旷世天才，惜乎由他创立之中国性格（民族形式）水墨山水，因为文人所祖，首先抹杀了具有优良传统的工匠所作大幅人物题材的华贵作品（主要如壁画），而发展成为脱离现实徒具形式的文人画；终至没落而成八股山水。便反而断送了中国全部绘画，真是出意料。

浅绛

只用花青赭二色（一冷一热）渲染，不用其他别种色，谓之浅绛。此作晨雾，颇有效果，因为用同等深浅（极淡）能区别光量，确为聪明办法。但于花卉，便不适宜。尤其幅幅都是浅绛，便显得单调。石谿、石涛最犯此病，此所谓“知其然而不知其所以然”。

又浅绛渲染，必须施之有章法之山水，不宜用于数树一石之片幅，因片幅太具体，仅冷热两色，不能了事，反不若淡墨一色概括了。

我举一事，证明今日中国画山水者之通病。

我在1938年10月漂流广东西江到江门，其附近四会，为中国著名大村（五万人口），实可称一城。其地有一陈君，曾执教于广州市立某学校，闻吾至，来舟相访，请过其叔家餐叙。饭后出其为其叔写《西江寻梦图》，因其叔有一爱子十七岁而殇，心甚痛之，故命陈君作图纪念；阅竟，吾赞其画法之佳，陈君更请深言。吾因询陈君，此图可易题为长江寻梦否？可易为黄河寻梦否？甚至为黑龙江寻梦，亦无不可。因不能确指境地也。陈君愕然，因问：如先生言，当如何而可？吾谓既然是广东西江，倘不能用屋宇表示广东房舍结构与别处不同，必当用植物表示，如长江以北少竹，黄河以北更罕见，竹之产两广者，多丛生之慈竹，不同于江浙两湖皖赣竹能成林；福建广东，多见垂根巨榕，湖南江西四川亦有之，俱不垂根而大叶；芭蕉在广东省，结实累累，至江浙四川尚能开花，便不结实；多棕树参天，他处无之；若在图中多写三五株高棕树，画几丛结实芭蕉，则画自然不能移动境地了！陈君恍然。又如匡庐雁宕，无层峦而有叠嶂，因无高峰；黄山莲花峰，虽全是巨石所积，但可用荷叶皴，而不得用大斧小斧劈法；江浙少数百年之大树，如北京习见奇姿异态之古柏，因有大寒大热大风，若气候温和之地，如成都丞相祠堂前所产之大柏，一长直上五丈高，毫无姿态，因不需与天时奋斗也；若云南点苍山下三大唐柏，因为点苍山的西风厉害，故又具姿态；记得我作一首打油诗咏之，“虬枝欲挽朝暾住，激战西风日夜间；直到斧斤不敢赦，天留古柏伴苍山。”因近一千年的西风，吹得柏枝完全东向，好像要伸出臂膊拿日出也。又苍山山势，全是王蒙皴法，他处似未见过，王蒙初未到过云南点苍山，而能暗合如此，此又似鼓励人闭门画山水了；但王蒙画，无远近法，到底看出他未常接近造化，不称当行；比如郭熙善画水层岩，马远善画石来岩，董源善写土崇山，倪云林不写大树，皆是忠实表征。后人懒惰，不解师法造化，便自然主义都谈不上，所以愈不成其为画家了！

近尚有与八股山水并行的画，香蕉苹果一类低能的东西。我又想起一事，1937年抗日战争起，我随中央大学迁重庆；四川省政府，聘我招考中等学校图画教员，请我监试并出题；我即出一题：“要画中有两个人在工作，耕田也好，挑水也好，但要看出是四川人；要一株大榕树但树上不要叶子。”诸生想了半个钟头，画不出来；于是怨声载道，说：这像啥子题目，四川人还不是与别省人一样的，树不画叶子，怎看得出什么树？我即起解释道：“一个中等学校教员，当然不必要能写杰作！但是我要测验你们，能不能观察自然，若要用形象来区别人，自然甚难，比如说安南（今越南人）当然大别于蒙古人、广东人，不同于河北人，倘用打扮服装做区别便容易极了，头上裹了一大白布头巾，上身穿件长衫，而光着脚，这不是一看就是四川人了吗！至于榕树大异柳树，柳树大异于松树，倘画柳树不画叶，可能被认为别的树；但榕树盘根错节，又巨大非常，如写出被人误认，那就奇怪了。”众方翕服，但终于草草了事。向来埋头于八股山水或用功画香蕉苹果的人，自然无办法作出此题，事后亦未产生任何影响。我所持的道理，可说不错，只因不配合政治，因之不发生作用；比如今日，说明艺术应服务于人民大众，倘连这些都不会，那就用不着你这一类的画家！情形就远不相同了！

八股山水尤扼杀我国工艺美术，如我国瓷器、漆器、刺绣，都因制作者懒惰，用山水代替图案，至没落到比原始陶瓷都不如。比如一个瓷器，一件漆器，一幅刺绣，加上山水，还能与人什么美感吗？光的白的倒显得干净多了！因为它绝不可能像真山水，亦绝不可能有山水画画面上的优点，甚至连八股山水都不如（比它省事，费事而不得效果，就显得俗气）！所以山水画虽曾成过好

东西，但没落了的八股山水，却成为一件坏东西了！（听说为了遮掩器上的毛病的缘故，但无别法可想吗）

再举一例：如英勇抗战一类题材，当然不能责之文人画家；但中国古今文人最艳羡之事，最理想之景，其莫过于桃花源；但此中人物鸡犬，如董其昌、王石谷辈，能梦想得到吗？这辈文人能胜任吗？文人画家，并桃花源尚不能想象，还有什么前途呢！

总之，艺术需要现实主义的今日，闲情逸致的山水画，尽管它在历史上有极高度的成就，但它不可能对人民起教育作用，并也无其他积极作用；其中杰作，自然能供我们闲暇时欣赏，但我们现在，即使是娱乐品，顶好亦能含有积极问义的东西。我们之中倘有天才，希望他能写出各种英雄（如战斗英雄等）的史实，各种模范的人物凸出着我们幸运遭遇这个伟大时代。像列宾、苏里可夫、米该蒂（意大利19世纪大画家Jario《渔家女》之作者）等人，类似之作品；倘从文化着眼，中国五代北宋山水，已成缥缈高峰，我们便有能力向上堆积，亦加高了有限。现实主义，方在开始，我们倘集中力量，一下子可能成一岗峦。同样使用天才，它能使人欣赏，又能鼓舞人，不更好过石谿、石涛的山水吗？

美术遗产漫谈

——一部分中国花鸟画

绘画亦古人在创制文化上劳动之收获，中国于此，成绩特著；但其造诣，确为古今世界上占第一位者，首推花鸟，尤以11、12世纪北宋人，为达最高峰。中国美术，无疑，几乎全是自然主义（人物之自然主义，被批判为无聊行动），故在社会主义的写实主义（即现实主义）时代，一切遗产，均须批判接受。我不敢贸然做批判，不过说明中国花鸟画在世界上之地位，确为吾国高贵遗产中之一部而已。考世界古文明国如埃及、安息、希腊、罗马，刻画动物，有过我国者，如埃及石刻中《鹰》《牛》，壁画中《雁》，安息石刻中《狮》《马》，希腊《牛》《马》，罗马《牛》《羊》《豕》等俱已极精妙，再以工到之人物，结合上古农作或攻战生活，其造就高出吾国上古造型美术，唯其一切皆为人物活动之附属品；吾国美术发展后，变为多元体；如山水、人物、花鸟、草虫，各树一帜（上古并不如此），有全不连属者。故为万物平等观，不同西洋以人为主体。彼之所长，我远不及，而我之所长，彼亦不逮。因为我国人之思想，多受道家支配，道家尚自然，绘画之发展，一面以环境出产如许多之繁花奇禽，博采异章，更益以举世所无之香花多种（兰花、水仙、蜡梅、梅花、桂花），花类如木棉、牡丹、玉兰、辛夷、莲花、

宋人《出水芙蓉图》

木槿、菊花千种，又如梧桐、翠竹，欧洲罕见，而禽类若孔雀、白鹤、鸳鸯、鹦鹉、巨鹫、戴胜之属，俱欧洲少见，甚至鹊亦少见。故自然物之丰富，又以根深蒂固之道家思想，吾民族之造型艺术天才，便向自然主义发展。波斯印度亦多物产，但其绘画，俱为生活习惯所限制，类作五六方寸大小之小幅，开展为难。独吾国北宋，承唐代文化之盛，工业制作，如瓷、如锦织，皆美妙绝伦；至于绘画，借百余年之承平，服务宗教之外，于花鸟一门，特跻其极，其中卓绝之人物，如黄筌、黄居寀父子、崔白、易元吉、滕昌佑、宋徽宗等，尚有许多有瑰丽作品而不留名之作家，无虑百十位，制出无数使人惊叹之画幅，惜乎近代中国审美目光短视，偏重山水，而遗其他，百年来帝国主义侵略剥削我国，将我国历史上之珍奇，尽力搜刮以去；而吾国当时不肖之商人，结合短见之收藏家，则代其汇集罗致，迄今吾国在绘画上所有北宋人之杰制，已不及十分之一（指现世界所藏）。故中央人民政府，禁止古物出口，良是要图。这说明吾国古人劳动，不辜负优良环境，所以能产生如许多中国自然主义杰作！假使当时，便有今日政治环境，可能早就有了现实主义。（宋代米元章父子，因求得韵律，开始用“点”写山水，实即印象主义原理，早七百年）因此，我们现在既掌握马列主义毛泽东思想，实现“大道之行，天下为公，……货恶其弃于地也，不必藏于己，力恶其不出于身也，不必为己……”，最明显的如“耕者有其田”，我们处于这样的环境，似应有这样反映的美术；自然环境，仍同古人所处，亦应当撷取其所收现代世人擅写飞禽者，日本人颇多。在欧洲则有瑞典人李耶福尔斯（Lijefors），善写鹰、雁、水禽。苏联有李洛夫（Pnnob），善写飞雁、鸥，但俱未能突破宋人纪录，不比山水让位于Constable Tumer及印象主义作家。花鸟至明代尚有传人如汪海云、陆包山、吕纪、陈洪绶。清代绝响（华新罗卑）；亘二百余年乃有任伯年，变格为豪放之写意，前无古人，但自任伯年以后，五十余年，无继起者。

单纯之色调并非中国遗产。

吾国名贵之陶瓷，及锦绣、绘画，俱无纯色；瓷无全白，朱砂胭脂非纯红，石黄藤黄非纯黄，石青花青非纯青，石绿草绿非纯绿，举世界一切自然物中，亦少有纯色者，中国美术品制作类之，故能如是娴雅。（国旗之大红为象征，但只有国旗为大红纯色，当愈显凸出）迨西洋物质进步，提炼颜色为纯色，吾国工商业中，不加调和使用，于是染绸布悉用纯黄纯绿，纯青纯紫（各国少有），目之所接，使人发昏，硬不接受遗产之一种效果，就会觉得后退不少。不是遗产，固可抛弃，是件遗产何必拒绝？但是这种情况，已经存在几十年了。

在全欧宣传中国美术之经过

人之健全发育，与国家之巩固富强，皆为群者之先务也。虽健康未必遂是全福，而富强亦启他族嫉忌，但为善人之所不必计。苟反其道：斫丧一年，必受十年之累；废弛十年，定有无穷之祸。若华夏沦亡至西历一千八百年顷，既已亟亟不可终日，又醉生梦死，沉湎百余年，中虽降生睿哲，阐明真理，振臂而起，大声疾呼，无如膏肓之病，燎原之火，起死有方，药不及制，救火有机，嗟其太少。暨于今日，必须令人目击死亡惨祸者，伤哉！伤哉！天道愦愦，何太忍耶？悲鸿不佞，太湖之鄙人也；略读诗书，少耽绘事，幸得漫游四方，窥天地之大；追念往昔，吾圣祖烈宗开拓疆土丰功伟业，与夫龙门既凿，长城远亘，杏坛敷教，稷下谈天，五千年来灿烂辉煌之文明，独辟于东土者；反省今日，目击现状，诚不胜兴式微之悲，而挥危亡之泪！切愿赖毛锥以振末俗，借笺素以易外人视听；此心此志，萦君梦寐久矣！明知一木不能支大厦之倾，块土不足障横流之水，唯昭示世界：吾民族生机之未息，而奋斗之方殷。昔孟子有言："待文王而后起者，凡民也，若夫豪杰之士，虽无文王犹兴。"傥有投袂而起者乎？若群疑满腹，众难塞胸，必待成列而战，盖时亦有所不及也。邦人君子，幸共鉴之。

吾此次出外举行中国画展，曾在世界最文明之法、比、德、意、俄五国展览七次，成立四处中国近代美术专室于各大博物院及大学；总计因诸展而赞誉中国文化之报章杂志逾两万万数千万纸；法西斯蒂之意大利，共产主义之苏联，皆竭诚接受此无烟无声、有主张有力量之利器。诸公须知此绝非我个人之力所得致，自然赖参加此次画展当代诸作家之名贵作品。但实在西方人却早为吾国历代几许之无名英雄之作品所惊动。欧洲大城如巴黎、伦敦诸博物院与诸大收藏家之精美橱柜所陈设吾国之铜器、琢玉、陶瓷、绣织，等等，琳琅满目光怪陆离，为之颠倒而神往者，不计其数。欧洲赏鉴家对此等无名作者之钦慕赞叹，绝不亚于张僧繇、吴道子辈神话人物；至如吾国大圣巨哲，如孔子、老子、李太白，几乎欧洲上流社会（不必定是知识阶级）人人知道，并多数能读其书，获其理解，相与辩论与倾倒爱戴，与中国一般自命曾受教育者大异其趣。故我在各处所能得之一切成功，应归功于吾创制文明光荣之祖先，与无数之无名英雄，当日被人视为工匠之大艺术家；因彼等早在西方人心坎内埋下种子，吾当代诸作家之作品，仅往收其果而已。

1930年，谢寿康先生使比，带兄弟画到比京展览，此乃中国绘画第一次在外国举行个人画展，曾蒙比后降临，收得美誉。既后里昂中法大学刘大悲先生，又将拙作及在比百年独立博物会的一部作品，联合在里昂大学举行一次画展，就惊动了法国人。于是人人兴高采烈，希望将来再有一次大规模的中国画展在巴黎举行，此乃此次画展最早的动机。直及前年，兄弟无日不在准备，中间受了许多挫折，结果由兄弟一人与少数朋友的援助筹备就绪。各派既兼收并蓄，而其代表一派者诸人量数尤多。至于画展一切接洽，在内在外我绝对未用政府名义，唯学术团体之助我者，如中央大学、中法大学、中国画会、苏州美专、新华艺专等，皆列其名。因我想如画展得有荣誉，终当属于我国全体，设有毁谤，则将由我一人当之，不令累及国家。此时最困难是经济。虽有顾维钧先生夫人以及中法大学之助力，终不济事；直至巴黎画展闭幕三日才得到中国政府一小部分补助，以及今年归来，仅蒙最少数友人救济，其岁糜国人巨款，号称文化基金之任何机关，皆未有一文之助；凡我国民，请皆注意于此点也！中国画展于去年5月10日下午3时在巴黎开幕，地点在巴黎中心之公各尔特（Concotrde）广场，国立外国美术馆。开幕日，法教育部长特蒙齐（De Monzie）与吾国顾公使顾夫人，外交部长朋古（Boncm Ⅲ）以及各界名流，来参与者逾三千人。大诗人梵莱理（Volerv）抱病为画展目录写序，大美术家如Landauskv，Chabas，Darapt，Denis等均极力赞助。目录售价十法郎（合中国币两元），竟印到三版绝版，后来连自己也只留着一本。门券五法郎，规定中国学生不买门券。其实凡东方人都就不买，扬扬直入。参观者三万人以上，后又展期十五天，6月25日闭幕。至于批评方面，如世界最大批评家莫葛雷先生（Camille Mauclair）在Figaro报及民族之友等报，著论三次赞论中国美术。又如Raimnod Millet在时报，Borrev在Intranriqent，Devisrues在美术周刊，又有法政府美术视察员Jean Cassou在文艺周刊，发表纯乎客观论调之赞誉。好评甚多，统计不下于三百几十篇，为数八千万张左右；其外若比国、英国、西班牙，远至美国各报章多列论列之者；可见文明大邦对此画展之重视。厥后法政府购去作品十二幅，有齐白石、高奇峰、王一亭、陈树人、方药雨、张大千诸先生的作品。中国现代绘画在世界大博物院内辟专室陈列，此乃是第一次。比、意、西、德不但多好评，而且纷纷要来请去举行画展。比国是我国的老友，因请我在6月到比京去举行第二次个人画展。此展得着许多批评家如皇家学会之Van Zipe及Sander Pierron，美术学校校长Roussan，前校长Richir，教授Bortier等极好批评。既后英吉利、西班牙、意大利均来促请。尤是意大利、西班牙、柏林三处最恳切，因意国上议员Bolletu在巴黎亲见中国画展盛况回去建议来请。于是意大利因有自来所未有之中国画展，在芬奇圣餐所在邦，及郎世宁故乡，与法西斯蒂策源地米兰大城极壮丽之皇宫内举行。时在去年12月，宫殿太大，无法使之温，吾等布置之际，手足都冻得麻木。此画展会，凡意国朝野名流均为会员，意太子为名誉会长；全意报章，一致赞誉；且有电影，普及全国：

中意文化关系，自马可·波罗以后，至此方得回声。展览期去年12月19日至今年1月19日。又协助吾人成此画展者，为意大利Capitain教授，Morassi教授，及吾国沈宜甲先生，收藏家则如Zanon，Del Drago，卢芹斋诸先生。

柏林美术会Verain Berliner Kmasteler请我个人于去年11月，在其会所展览拙作。柏林各报皆表热烈之欢迎。有专篇及全面插图评论之报章杂志五六十种，推崇备至。其艺坛领袖，若Prof.Langhammer，Prof.Kampf，Prof.Detfmann，Prof.Pfannschmtt，Prof.Schust-Ver-den及著名中国学者Prof.Otto Frank皆表敬意。柏林美术学会百余会员并公宴我，到名教授三十余人，敬爱欢洽，平生罕遇。我乃言中国名家很多，惜少机缘，以作品与欧洲相见而已。法兰克福为德国名都，著名中国学者卫礼贤先生（欧洲中国学者之中心人物）创立中国学院于法兰克福大学内，为中国以外研究中国学术最认真之所在；卫先生故后，鲁雅文博士继之，吾国丁文渊先生为副院长。来函促请，时吾在罗马，两先生又皆中德画展常委，坚欲请我远道由罗马携画往举行中国画展。迫不得已，吾乃于本年2月赴往筹备，以国立美术馆为会所，2月19日由Hessen省长菲里伯亲王，我国刘子楷公使，法兰克福市长，大学校长亲临开幕；同日并由法兰克福市长欢宴于市府，与宴者百五十人。（此市府在德国历史上极有价值，因当日德意志皇帝皆在该处会议选出）宴前，市长并请刘公使，丁文渊博士，及我书名于其金简；宴毕又用汽车分导我们观察附近罗马古堡。此展观众，极为热烈，惜乎时间太短，仅开两周，德人要求展期，我因筹备他展，无法应之，未及闭幕即返罗马。

既返罗马，各方邀请，纷至沓来。西班牙去年因政争，其筹备人Artiga先生，未能积极令其实现，今年政平，邀吾前往。罗马亦已定，著名之鲍改氏宫为中国画展会所。唯时苏联国急如星火，必欲在5月内举行，函电交驰，催我决定。因为那时是俄国最美丽时节，5月1日大检阅之后，各地重要人物，咸集莫斯科；若过5月，不特要人散去，即当地文艺作家，亦将他适工作。当时兄弟有一种怀抱，就是想此行，不特以中国美术向外宣传，并要带一些外国作品回国，贡献中国民众。奈欧洲艺术界，因中国不靖且从未发生关系，不十分热心，难以做到交换作品，仅在私人交谊上略有赠酬而已。我想在苏联，可较易成功；于是忍痛放弃罗马之展，怅惘至今。因罗马苟在4月举行，莫斯科便赶不及在5月展览也。

赴俄道中完成我平生第一次快事，即经希腊登雅典之安克罗波（Acropole）巴尔堆农顶礼是也。此为世界文化与美术之圣地，希腊独立复活以来，略加修理，其华贵庄严之容，依然如昔。徘徊凭吊，如与索克腊忒、柏拉图、亚里士多德、菲狄亚斯、米隆等相接于两千年以上者。时正暮春，风和日暖，梦寐半生，竟临此土，快慰无极！又得游土旧京伊斯坦布尔之圣索非大寺，世界最古最壮丽之教寺也。

我在未到俄国以前，真是捉襟见肘，举措艰难，既到俄国，一切由苏联对外文化协会Voks负责，不必更费心血。（此会是专管俄国国际间一切文化关系，非常重要）我一抵Odessa，该会当地会长Prof. Wolkowo与莫斯科特派专员，登舟照料，即导我等居伦敦大旅馆，舍我于当日接待法首相赫里欧之舍，盛宴款待，宴后，即导游当地名胜与新建设，即赴莫斯科。5月7日下午4时，莫斯科中国画展在红场历史博物馆举行，Voks（苏联对外文化协会，以后简称服克斯）会长安罗在甫（Aroseff）致开会词。大意谓“俄国民族与中国民族向是好友，尤其在孙中山先生时，就如像一家人。这次请先生来开画展，想从文化上获得彼此深刻了解，以巩固两大民族亲切之友谊”云云。先生言时态度严肃而诚挚，在座均为之感动。

莫斯科美术家代表Vohaire致欢迎词，我国驻苏联代使吴南如先生述中苏两国之情感，末由我答谢，苏联招待盛意。是日所邀来宾，除外交团来外，尽系学术文艺美术各界名流。会中满置鲜花，精神焕发，既开幕，参观者之踊跃，为各处所不能比；有重来至五六次者。尚有可注意者，即在他国画展中观者多半是知识阶级，而在苏联则除知识阶级与学生外，大半是工人农人，彼等伫立凝视，在一幅画前，探索玩味。苟遇我，在必寻根究底，攀问各画内容。彼等对美术兴趣之浓厚，不但为中国人所不及，虽各国之时髦绅士亦难比拟，因为彼等平时所有消遣、娱乐，总在美术馆、音乐会、戏院、绘画展览会、博物院中，已经养成一种爱好美术习惯。而美术家协会、建筑学院、美术镌刻学校请我做几次演讲；我与苏联艺术家文人之往来，数月无虚日，彼等认为自大革命以来这是最有兴趣最大规模之外国画展。

莫斯科的画展未结束时，俄列宁格勒及哈尔科夫两大城，都来邀请。当时我关心中大课务，犹豫甚久，后不得已，均答应之，唯表示愿先举行列宁格勒。此城为世界最大都会之一，人口三百余万，其重要与巴黎、伦敦相匹。画展地点在城中隐居博物院Musee Ermitage，为世界四大博物院之一。当年俄皇所居，备极富丽之冬宫，今亦归并入隐居博物院，即中国画展所在，其下广场可容数十万人，此院并以其珍藏一切之中国古铜器、陶瓷、琢玉、象牙、名瓷、雕刻、漆器等，用四十几个大玻璃柜精心装置，加入陈列。中国画有此好地点、好陪衬之大规模展览会，在欧洲实是第一次。展览期为6月19日至7月19日。此时俄国美术界表示爱慕，请我留下中国作品一部分。于是我就实现我原来计划：答应在我可以支配的画中听他选择。结果隐居博物院选定十二幅，莫斯科方面则由人民教育委员开会决定送中国俄国19世纪以来现代名家名画十三幅，我亦捐赠莫斯科美术馆现代名家齐白石、张大千、陈树人、王一亭等作品十五幅，依据苏联当代名画家又名著名作家格拉拔（Grabar）先生所选吾国画展中之目表。苏联拟送我国画中，有列宾之托尔斯泰像，以及苏里科夫、绥洛夫等之杰作。

我又忆及一最感动之事，俄国人屡次问："贵国有多少美术馆？如此有悠远历史之文明古国，美术馆之设备定比我们无产国家好。"我诚非常痛苦，只得含糊敷衍！俄国美术院规模之宏大，设备之精美，绝不亚于英、法、意、德诸邦，且觉过之。而我中国可怜民众所需之美术馆，国家从未措意，唯有岁糜巨款，说办文化事业。白日见鬼，并一个美术馆都没有，在责任繁重，提倡科学，尽力国防的政府，我们自然不能责望它以不急之务，但既名国务，但既名国都，又自称文明大邦的国都，那文明究竟是什么东西？说来可笑！然则欧洲诸邦，真野蛮之国家，无疑义也！

我又忆及一桩有趣评论：曾有俄国工人问我中国画的内容何以总少社会主义精神，并谓只有你那幅《六朝人诗意》是最合社会主义的。我便回答他们说："美术不应太受束缚，如基督艺术，唯守着一种题目千篇一律，必致人人讨厌。现代欧洲同可说是绅士美术，俄国称为无产美术，中国则既非绅士，也非无产，可以勉强说是隐士美术。因为中国画家，随心感应，模拟自然，遇花鸟画花鸟，遇山水画山水，他既不压迫农民，亦无野心打倒帝国主义。"但他们总以为我写赶驴者，如老妈子，认为社会主义的画。诚属不虞之誉，意外的夸奖！但中国画家，确太不注意社会现状，竟无一人写寻常生活者。俄人见目录上注明陈树人、经亨颐两先生，曾随孙中山先生革命，便问我："何以在他们作品上，不见革命形迹？"

我说中国有所谓文人画家，经、陈两先生是属于这一类的。所谓社会主义之画，中国亦有，但多数是油画，此次未曾携来……答之。实则往中国展览会，往往有人物构图一幅都无者，千篇一律，无非四王山水，松竹梅花，陈陈相因，实足奇事。

我尚有郑重表白者即在苏联一切美术家，均愿与中国美术家提携。莫斯科美术会，曾请我演讲。其主席法服尔斯基先生（为世界著名木板镌刻家），彼致词辄言："中国美术家示我等如此美妙作品，与我等以无上之快慰，愿先生转致苏联艺术家真挚之谢意于中国之艺术家。"

又莫斯科镌版美术学校，请吾演讲，著名艺术家到者甚多，如Deineka Kardovsky等，皆著盛名于世界，对于吾国艺术家，皆具热烈之同情，请吾转达此意者，不一而足。吾亦皆以"中国艺术家至愿与苏联艺术家携手，惜彼等难得机缘与诸公相聚一堂，例如俄国文学为中国最欢迎之读物，可见中国民众对于俄国之热情"答之。

此外我并在此附告，此次展览画件，因运输不便，均由俄国直寄南京，大概十一日可到。又在各国有各种新闻性摄影，当时都置之大箱内，未能插入增诸公雅兴，俟他日补刊，并致歉衷。

中国今日急需提倡之美术

吾人对艺术之需要，以恒情论，必在国家承平之世，人民安居乐业之时，所谓衣食足而后礼义兴也。我国今日可谓萃千灾百难于一身，芸芸众生，强者救死不遑，弱者逃死无所，语以艺术，无乃有言不以时之诮。顾爱美恶丑，出自天性，昔人研究最初人类之有衣服，其动机盖全出于审美之念。况吾人生长文化最古之邦，若必欲强其归真返璞，是何异闭聪塞明，重返原始生活！背进文化之原理，为事理所不可通，而况正道不彰，异说斯炽，吾人已往艺术之继承，现代艺术之改进，与未来艺术之创造，多有可商榷者，而以国家之力所提倡之艺术，尤必须与以正确之方针，此尤为急不可缓者也。

譬之平地筑屋，可以独辟蹊径，自奠基础，为事至易；苟欲毁一恶宅，从而另建，则增摧毁之劳；倘遇荆棘丛生之地，复多斩伐之苦。从事艺术者，其难易顺逆之境，盖足与此相衡。人之天性，可与为善，而其惰性，最易作恶。故提倡者与投机者，恒不须臾离。庄子已有胠箧之惧，而先为制箧之谋，引人买箧，从而窃之，君子既可欺之以方，社会遂蒙污垢之耻，故反其道而提倡美术，结果恒得丑术，一如投机分子之从事革命，而多水深火热之罪恶也。

世界革命之目的，在消除一切阶级，维护思想自由，中国革命之目的，固无二致。而尤要者则为绝灭鸦片，严禁裹足，减少赌博之害。故中国之提倡新式美术，固应以杜绝外国美术八股为旨归，但于世界共同语言之原则，不可不诚意遵守。此原则维何？即于治艺者造端之际，正其视听是也。

为学之道，先求知识；知识既丰，思想乃启。否则思想将无所着落，而发为言论，必致语于不伦。今日中国之少年美术家，具知七十年来之各派名词，而叩以史珂帕斯、多那太罗等巨人，或郑虔、范宽为何代何国人，盖不知也。至于人体解剖，更茫然莫解。岂非教育颠倒，提倡背道之明证耶？此就纯正美术言之，犹未入于本题，目下就国势国力而言，欲在艺术上学之其用，用求其实，而有赖于国家力量之提倡者，盖无过于图案美术者也。

纯正美术，远于功利，对于社会鲜直接之影响，图案美术之旨，在满足人类之生活，如绸之为物非不细软，但色泽花纹苟不佳，人即无取，反服色泽匀称之布，非以廉也。故制之失宜，金玉丧其值；制之合法，土木显其功。如中国之丝、之漆、之瓷、之木料，皆天下之美质也。吾先人殚思苦虑，用之至当，乃著其名于大地。各国收藏，视若至宝。五十年来，文化衰落，人习于惰，作焉不思，传及两代，真意全失。故外物充斥，罔有纪极，倘不急起直追，心致危亡不救，考欧洲大邦，皆设图案美术专校，吾国今日，先宜绍述古制，采取新法，利用美质，造作珍奇。粗者供日用，精者备收藏。且图案之术，能化恶为美；应用之当，俭之获过于奢。国人美感，于以养成。夫人之嗜好，赋诸天然，不能相强，故徒为爱国之空言，提倡国货之高论，其效仍微者，盖未能揣其本也。国货佳者，无俟提倡；其不佳者，奖誉无益。图案美术，乃促进一切工艺之不烦而克臻美善之学也。今日国产绸缎、绣品、陶瓷、漆器、木器等日用必需之物，俱无法自存。一言以蔽之，其形式、颜色恶劣不堪，望而生厌，故无人过问也。四年前，吾游福州，归时思购百元之漆器，结果只用去三十余元，因其物象，实不能令人起热烈之欲。去年游南昌，于瓷器之感想尤劣。夫预备消耗者，尚不能令其消耗，可深悲矣。因忆昔游比国岗城见其玻璃花瓶数百种，无一不美，恨不能一一购之，以此例彼，真如霄壤。

人贵尽其才尽其用，并不以智愚巧拙而分等级。如耕者之不善属文，亦犹士之不解执耒耜也；各得其用，社会以宁。故文明国家之培养艺术人才，亦各尽其才之用，使借一艺以自立，无事营求。吾国公私所立美术学校，无虑数十，而无一注意图案美术者。其生徒类皆学画，其出路，恒充教员。天才出现，恒数世而不一觏，安得同时有数万之作家。至人之营求衣食亦属应当，唯此等未成熟之画家，其执业，即无裨于世，复大背乎学。驯之社会美术，似发达而实无美术品之出现，且距此益远焉。其罪恶不仅消耗人之精神，使之无用而已。盖劣艺不外乎观察不精，背乎自然，其影响之及乎道德教育，能使人不爱真理，苟且欺诈。向使一般资能较低之青年，习图案美术，执一完善之艺，以求生活，必不致混迹教育界，以自误误人也。而社会不特多生产之人，且受其工作实用以外之惠。况今日时髦所尚，必学洋画；工具俱系外来，倘无所得，则徒耗国家经济，允可不必也。

国家唯一奖励美术之道，乃设立美术馆。因其为民众集合之所，可以增进人民美感；舒畅其郁积，而陶冶其性灵。现代之作家，国家诚无术一一维持其生活。但其作品，乃代表一时代精神，或申诉人民痛苦，或传写历史光荣，国家苟不购致之，不特一国之文化一部分将付阙如，即不世出之天才，亦将终致湮灭，其损失不可计偿。故美术馆之设，事非易易，鄙意先移其责于各大学，及国立公立图书馆以法令规定，每一国立大学或图书馆，至少每年应以五百金购买国中诗家、画家、书家作品或手迹，视为重要文献，而先后陈列之，庶几近焉。

购买选择之权，在各大学或图书委员会；购买之法，或亦购自作家，或国家每年举行美术展览会，同时派人选购。作品之出类拔萃者，予以特别奖励。如是则美术家可得正当之出路；而国家维持文化，又不须筹特别之款项，事之两利，莫过是矣。

今日中国一切衰落之病根，在偷安颓废。挽救之道，应易以精勤与真实，而奋发其精神。进化固有显著之迹，但沿革苟不同，其行程亦异。欧人今日多有厌恶其机械生活，而欢迎东方文明者，其必不足令吾懒惰之国人借口，可无疑也。若美术派别之变迁，吾国之历史，亦正广大而悠久，不相盲从，当无所谓顽固也。若一味竞趋时髦，不务其根本，社会之弊，漫然不察，坐视他人文明，“迎头赶上去”。惜国人短见，未尝以美术为文化所关，而忽视至今，若考其情应不以鄙意为河汉也。

民国廿一年十一月南京

西洋美术对中国美术之影响

艺术之仇敌不是摧毁反对，而是冷淡与漠不关心。因反对至极达到摧毁，不过使一物暂时没有，若一环境内对于某事某物，根本未予理会，则此事此物，便无出现之希望。十年前之中国可谓未尝理会西洋艺术，十年以来西洋美术予中国最大的刺激可说是其宣传艺术引起之作用，最重要者尤莫过苏联艺术，此以纯艺术眼光言之，仅是国家主义中之一些功利主义而已。但其作用能唤起国人对整个西洋美术之注意亦可喜之事也。

法国在1914年大战以前，其艺术已有堕落之根性，如赫怒瓦之被捧起；严正作风之遭讥讪，如巴纳及路杭，皆足以使远见者隐忧。此虽画商之作祟（鄙人数年来已屡次作文谈及），但其热闹如此，影响及于日本，再由日本传到中国（野兽派所供养之马蒂斯等等会有人崇拜，最适合一班毫无根底，中道彷徨之小呵子）。此虽过去二十年中之巴黎艺界之话剧，但在今日中国尚有恋恋者，是诚难怪中国社会之未予理会，实在叫人摸不着头脑！故即作历史之追溯，远自郎世宁，中自上海土山湾西洋教士之画室，近至两江师范艺术科，周湘、张聿光诸先生所设初期美术学校，等等，皆有数十年之历史，但其影响终不显著，无他，固西洋美术实未尝到中国也！

必何如而西洋美术始到中国？非常简单，战前花十万元从伦敦买巴撒依全部模型，从意大利买到米开朗琪罗之《摩西》，陈之于公共场所，看他能不能于中国美术几微影响！（中央大学藏有《掷铁饼者》《奴隶》《安波罗》等十余具稿，因之产出七八位有希望之青年画家，今日正有贡献）欧洲人之通汉学，必自舍万尼斯之译传太史公之《史记》起。此事理之无可疑者。

在先已受欧洲写实主义刺激者，迨“九·一八”直至与倭寇作战，此写实主义绘画作风，益为吾人之普遍要求，惜乎当日未能广予培栽。虽有多树开花多树结实，但硕果终嫌太少，实因耕耘之不足！

其中最显著之效果，还推舞台艺术，若从生活方面言之，留德同学会之西餐亦还可口，再举懒椅，未见趣味高雅者，视吾原有之木器，尚大有逊色也！

抗战前五十年中吾国艺术之可谓衰落时代，西洋美术乃一博大之世界！吾国迫切需要之科学尚未全部从西洋输入，枝枝节节之西洋美术更谈不上！吾之欣幸者乃因第二次世界大战，消灭大半可恶之欧洲国际画商，可以廓清西洋美术障碍——吾国因抗战而使写实主义抬头，从此，东西美术，前途坦荡，此后二十年中，必有灿烂之天花，在吾人眼前涌现，是诚数千万为正义牺牲者之血所灌溉得来。在吾未来社会，将视为生活所需之营养，必不致为人漠不关心，乃不佞所敢断言也。

版画不能视为西洋美术，因吾国椎拓之术最早。而五彩印刷亦最早也，但吾国当代之版画家，吾又不能谓其未受西洋画影响。如李桦极近意大利之普利玛提思，而古元尤有法国巴比松中田家之调。唯欧洲古今，版画家类均是大画家，如曼坦那、丢勒、伦勃朗，近代如门采儿、左恩、倍难尔、勃郎群，皆旷世之大画家，故吾愿从事版画诸公造意时，先从西画着想，则诸公之贡献，当更伟大也。

美术漫话

一切学术有一共同目的，曰：追寻造物之真理而已。美术者，乃真理之存乎形象、色彩、声音者也。音乐为占时间之美术，当非本论之范围。兹篇所论，专就造型美术，阐明其意。造型美术，亦分为两途：一曰纯正艺术，即绘画、雕形、镌版、建筑是也；一曰应用艺术，亦曰工艺美术，乃损益物状，制为图案，用以美化用具者也。

吾人在立论之始，应于题之本身，定一解说。中国今日往往好言艺术，而不谈美术。艺术者仅泛指术之属于艺事而已。美术者，顾名思义，则为艺术者，不徒能之而已，盖必责之其具有精意，于人之精神，有所发挥，故其学术，因欲奔赴此神圣“美”之一目的。于是在同一物事上，各人得自由决定其形式，又利用一形式，求一适合之内容，以赴其所期望理想之美。而其精神，亦必为所探讨之真理。所谓形式内容，不过为作者所用之一种工具而已。

内容者，往往属于“善”之表现。而为美术者，其最重要之精神，恒属于形式，不尽属于内容。如浑然天成之诗，不必定依动人之题，反而如画虎不成，则必贻讥大雅。故美术恒有两种趋向，一偏于善（则必选择内容），一偏于美（全不计内容）。偏于善者，其人必丰于情绪；偏于美者，其人必富于感觉，各有所偏，各有所择。顾美术上之大奇，如巴尔堆农之额刊，如米开朗琪罗之《摩西》，如多那太罗之《圣约翰》，如拉斐尔之《圣母》，如提香之《下葬》，如鲁本斯之《天翻地覆》，如丢勒之《使徒》，如伦勃朗之《夜巡》，如委拉斯开兹之《火神》，如吕德之《出发》，如康斯太布尔之《新麦》，如透纳之《落日》，如门采尔之《铁工厂》，如罗丹之《加莱义民》，如夏凡之《神林》，如列宾之《伊望杀子》，如倍难尔之《科学放真理于大地》，如达仰之《迈格理女》，如康普之《非雪忒》，如勃郎群之《码头工》，无不至善尽美，神情并茂。比之中国美术中，如阎立本之《醉道》，如范中立之《行旅》，如夏圭之《长江》，如周东村之《北溟》，无不内容与形式，美善充乎其量。孔子有“美而未尽善”之说，故人类制作，苟跻乎至美尽善，允当视为旷世瑰宝，与上帝同功者也。

善之内容可存而弗论，至其所以秀美之形式，颇可得而言。盖造物上美之构成，不属于形象，定属于色彩。而为美术之道，舍极纯熟之作法以外，作者观察物象之所得，恒注乎两要点，其表现之于作品上，亦集中精神于此两点。所谓色彩，所谓形象，皆为此两点之工具而已。

此两点为何？曰性格，曰神情。因欲充实表现性格之故，爰有体，有派；因欲充实表现神情之故，爰有韵。

美术之起源，在模拟自然；渐进，则不以仅得物象为满足。恒就其性之偏嗜，而损益自然物之形象色彩，而以意轻重大小之，此即体之所产生也。

派者，相习成风之谓。其所以相习成风，皆撷取各地属之特有材料，形之于艺事，成一特殊貌者也。所谓性格者，即刚强、柔弱、壮丽、淡泊、冲和、飞舞、妙曼、简雅等，禀赋之殊异或竟相反也。故须以轻重、巨细、长短、繁简之术应之，所以成为体也。

神情在人则如喜怒哀乐，妙机其微，艺之高深境地，其所以难指者以其象之变也。其于物情，则如风雨晦冥，皆变易其寻常景象，要在窥见造化机理，由其正而通其变，曲应作者幽渺、复颐、广博、浩荡之襟怀思绪。此艺事之完成，亦所以为美术也。

至于工艺美术，其要道在尽物材之用，愈能尽物材之用者，为雅；愈违物材之用者，为俗。雅俗之分，无他道也。

中国艺术的贡献及其趋向

中国艺术对世界的贡献，我们自己倒似乎不大在意，而在欧洲各邦以及敌国日本的学者却对之异常关切，深为赞美。其最简单的原因是中国艺术的发展早于欧洲一千多年；当中国艺术已经达到成熟圆满的时期，欧洲的艺术还是萌芽襁褓之际。但仅有悠久的历史也不一定有光辉的成就，又好在中国地大物博，天赋甚厚，西有嵯峨接天的雪山，东临浩渺无涯的沧海，有荒凉悲壮的大漠长河，有绮丽清幽的名湖深谷，更有许多奇花异草，珍禽怪兽。艺术家浸沉于这样的自然环境，故其所产生的作品，不限于人群自我，而以宇宙万物为题材，大气磅礴，和谐生动，成为十足的自然主义者，和欧洲文明的源泉古希腊的艺术，恰好是一个显明的对比：希腊艺术完全在表现人的活动，不及于“物”的情态。这种倾向的影响在西方既深且久，所以欧洲至今仍少花鸟画家，而多人像画家。

中国艺术在汉代已经达到很高的水准，且汉代艺术可算是中国本位的艺术，其作品正所谓大块文章，风格宏伟，作法简朴。最近在四川出土的汉代石刻画，其中有一幅是一个人以树枝戏猴，姿态极其自然生动，具有最大的艺术价值，确是一件杰作，可见当时的中国艺术已能充分发挥自然主义的精神。不过从后汉到唐代，约有六百余年，中国艺术受了印度的影响，尤其是佛像画，大多感染了印度的作风，已看不出汉画的精神。这时的题材也较偏重于理想的宗教画和人物的故事画，甚少对自然的兴感。直到大诗人王维出世，才建立了新的中国画派，作法以水墨为主，倡“画中有诗，诗中有画”，成为后世文人画的鼻祖，也完全摆脱了印度作风的束缚。

也许我们不免艳羡欧洲文艺复兴时期的光辉灿烂，可是他们直到17世纪还极少头等的画家，也没有真正的山水画。而中国在8世纪就产生了王维。王维的真迹现在已成为绝响，但他的继起者如范宽、荆浩、关仝、郭

汉代画像石上的持戟图

熙、米芾诸人，现在还留有遗迹，如故宫所藏范宽的一幅山水，所写山景，较之实在的山头不过缩小数十倍，倘没有如椽的大笔，雄伟的魄力，岂能作此伟大画幅！又如米芾的画，烟云幻变，点染自然，无须勾描轮廓，不啻法国近代印象主义的作品。而米芾生在11世纪，即已有此创见，早于欧洲印象派的产生达几百年，也可以算得奇迹了。

中国自然主义的绘画，从质和量来看，都可以占世界的第一把交椅。这把交椅差不多一直维持到19世纪，欧洲才产生了几位伟大的风景画家，能够把风雨晴晦、朝雾晚霞表现得非常完美。过去中国所能做到的，他们已能用另一种面目来完成；而我们自己，倒反而贪恋着前人的成就，逐渐消失了对自然的兴感和清新独创精神！

可是中国的花鸟画，在世界艺术的园地里还是一株特别甜美的果树，也许因为中国得天独厚，有坚劲而纯洁的梅花，飘逸的兰草，幽秀的水仙，这些在世界上都要算奇花异卉，为他国所无；而又确实能表现中国艺人的独特品性、中国民族的特殊精神。因此中国产生了许多伟大的花鸟画家，如宋徽宗、徐熙、黄筌、黄居寀、崔白、赵昌、滕吕祐等，作品均美丽无匹，直到现在全世界还没有他们的敌手。此外我国的漆器、丝织品、玉器、瓷器等，亦有极大的艺术价值；尤其是玉器，是世界艺术的一朵奇葩。

在建筑雕塑方面，我国深受印度的影响，如唐代的各种洞庙，完全是模仿印度的，其中有些佛像简直是从印度而来。现在印度的洞庙据统计还有一千多个，单是孟买附近七八世纪时的洞庙还有五十多个。所以在雕刻及寺院建筑方面中国没有什么特殊的建树。可是在绘画

郭熙绘《早春图轴》

方面，中国虽曾受印度的影响而没有失掉根本的精神，这种新影响正是以使其更加发扬光大。印度在中古时代，虽亦曾受中国的影响，但并没有繁殖开花。当中国的绘画已经成熟，达到崇高典雅的时期，印度的绘画仍停滞在孩提时代。

我国的绘画从汉代兴起，隋唐以后却渐渐衰落，这原因是自从王维成为文人画的偶像以后，许多山水画家都过分注重绘画的意境和神韵，而忘记了基本的造型。结果画中的景物成为不合理的东西，毫无新鲜感觉的东西；却用气韵来做护身符，以掩饰其缺点。理论更弄得玄而又玄，连画家自己也莫名其妙，如此焉得不日趋贫弱！

到了南宋时期，高宗在杭州建都，太湖附近成为中国绘画的核心垂七八百年之久。元初文人画发展到最高峰，但已丧失了庄严宏伟的气象。到董其昌时，由于他多才多艺，收藏又丰，成为当时文人画的中坚。但他每幅画都是仿前人，一笔一点，都是仿某某笔；其本意或系谦虚，一面表示师古不敢独创，一面表示不敢掠人之美。不过此风一开，大家都模仿古人，仿佛不模古就不是高贵的作品，独创性消失净尽。尤其是《芥子园画谱》，害人不浅：要画山水，谱上有山水；要画花鸟，谱上有花鸟；要仿某某笔，它有某某笔的样本；大家都可以依样葫芦，谁也不要再用自己的观察能力，结果每况愈下，毫无生气了！

绘画的老师应当不是范本而是实物。画家应该画自己最爱好又最熟悉的东西，不能拿别人的眼睛来替代自己的眼睛。在四川，峨眉山极其雄伟，青城山极其幽秀，三峡极其奇肆，四川人应当能表现它们，何必去画江南平淡的山水。广西人应当画阳朔，云南人应当画滇池、洱海；福建有三十多人不能环抱的大榕树，有闽江的清流，闽籍女子有头上插三把刀的特殊装束，都是好

敦煌莫高窟唐代壁画
“胁侍菩萨”

题材；而林琴南先生却画那些八股派的山水，岂不可惜！还有一位甘肃人画竹子找我看，我告诉他从甘肃走一千里还看不到竹，为什么要画和自己那样疏远的东西呢？一个人宁愿当豆腐店老板，不要当大银行的伙计，因为老板有主张自由，才谈得上表现；伙计丝毫没有自由，只是莫名其妙，胡乱受人支配而已。

所以艺术应当走写实主义的路，写自己所不知道的东西既是骗人又是骗自己。前人的佳作和传统的遗产，固然应该加以尊敬，加以研究和吸收，但不能一味因袭模仿。假如我们的艺术作品要参加一次国际展览，只要稍不小心，一定会有千篇一律的山水，或者尽是花鸟，或者画面上全是长袖高髻的美女、道袍扶杖的驼背翁。也许竟完全看不到地大物博的中国、现代力求自强的中国，这岂不是现代中国画家的耻辱？

过去我们先人的题材是宇宙万物，是切身景象，而且有了那样光辉的成就，我们后世子孙也该走这条路，不要离开现实，不要钻牛角尖自欺欺人，庶几可以产生伟大的作品，争回这世界美术的宝座！

新艺术运动之回顾与前瞻

中国科举制度，桎梏千年来无数英雄豪杰，其流弊所中，遂造成周遍的乡愿。绘画原是职业，从文人画得势，此业乃为八股家兼职。凡文化上一切形式，苟离其真意，便成乡愿，八股当然为乡愿之正式代表；于是真正画家，被贬为不受尊敬之工匠。王维脱离印度作风，建立纯粹之中国画，却不料因其诗名，滋人忘念，泽被千年，竟致断送了中国整个绘画。天下一切事理之循环，往往如此，不可不深长思也。

夫人之追求真理，广博知识，此不必艺术家为然也；唯艺术家为必须如此，故古今中外高贵之艺术家，或穷造化之奇，或探人生究竟，别有会心，便产杰作。但此意境，与咬文嚼字无关。中国千年来，以文章取士，发明八股，建立咬文嚼字职业，不知若仅仅如此，亦低能中之颇低者也。此段空论，似与艺术无半，但真正艺术品之产生，与夫文化史上大杰作之认识，必须具此精湛之思想，否则必陷于形式一套，欲希望汤之盘铭，所谓德之日新又新，必不可得也。

中国艺术史，极少划时代之运动。如欧洲之浪漫主义、印象主义，等等。但南宋既亡，院体随绝，隐逸之士，多写山水，仍绍王维之绪，如元代诸家。明虽不振，但天才辈出，如沈石田、仇实父、陆包山及陈老莲，俱是巨匠，不让前人。顾董其昌借其名位，复是大收藏家，于是建立一种风气，乃画家可不解观察造物，却不可不识古作家作风与派别，否则便成鄙陋。此则不仅以声望地位傲人，兼以富厚自骄，恶劣极矣。于是遂有四王，遂有投机事业之《芥子园画谱》。此著名之《芥子园画谱》，可谓划时代之杰作。因此书出版，乃断送了中国绘画。因其便利当时披靡，八股家之乡愿学画，附庸风雅，而压低一切也。

吾于此方人正题。若有人尽量搜集三百年来之中国绘画，为一盛大展览，吾敢断定其中百分之九十二为八股之山水。其中有极为稀少之人物画。此外若冬心、板桥、石豁、八大、石涛、饮瓢等作品，合占百分之七八而已，其黑暗如此。

古之文人画，原有其高贵价值。不必征诸古远，即如冬心之桃花，未见其匹也。板桥画竹，亦维持记录至于今日。便无胸襟，纯以艺论，二人已足不朽！并非如末世文人画之言之无物也。夫有真实之山川，而烟云方可怡悦，今不把握一物，而欲以笔墨寄其气韵，放其逸响，试问笔墨将于何处着落。固有美梦胜于现实生活，未闻舍生活而殉梦也。虽然，中国文人舍弃其真感以殉笔墨，诚哉其伟大也。

太平天国之后，上海辟作洋场。艺术家为糊口计，麇集其地。著名画家如任渭长、阜长兄弟，与渭长之子立凡，尤以中国近世最大画家任伯年生活工作于此，为足纪。诸人除立凡以外，皆宗老莲。尚有吴友如为世界古今最大插图者之一，亦中国美术史上伟人之一。若吴昌硕、王一亭亦皆受伯年熏陶者也。

艺术家树立新风，被诸久远。而学校之设立，亦为传播艺事之工具。其开风气者，如南京之高等师范所设之艺术科，今日中央大学艺术系之先代也。至天主教之入中国，上海徐家汇，亦其根据地之一。中西文化之沟通，该处曾有极珍贵之贡献。土山湾亦有习画之所，盖中国西洋画之摇篮也。其中陶冶出之人物，如周湘，乃在上海最早设立美术学校之人。张聿光、徐咏青诸先生，俱有名于社会。张为上海美术学校校长，刘海粟继之。而刘尤为蔡元培、叶恭绰诸氏所赏识，其画学吴昌硕、陈师曾，亦模仿法国女画家Rosa Benheus作品。汪亚尘画金鱼极精，设新华艺术学校，亦上海艺术家集合之中心也。

18世纪意大利米兰人郎世宁，曾为乾隆供奉。以西洋画画于中国素绢上，渲染精细，颇倾动一时。迨民国以来，故宫珍藏开放，郎世宁作风，又一番被模仿，但限于北京。北京虽易民国，而生活一切未改变，民国初年，画家之著者，如陈师曾、金拱北皆在是。而国立艺专于以设立。厥后齐白石，亦卜居西城，中国老画家之最有近代气氛者也。

南中以广州为最富庶，故多应运而生之杰。中国洋画家之老前辈，当首推李铁夫，今年七十余，其早年所写像，实是雄奇。惜乎二十年来，以吃茶耗其时日，无所表见。新兴之折中派，以高剑父、奇峰兄弟及陈树人先生为首，世称岭南三杰，所作以花鸟居多。此风自明林良以来已然，今益光大，俊杰辈起，克昌厥派。而潮州尤多才艺之士，其前途未可量也。

中国自身之革命，苏联之革命，世界之两次大战，皆在此三十年中。各国为所掀起之文艺波澜，自不一致。但其最显著之事实，乃民族思想之尖锐化。此在大同主义实现以前，各文化特质之一番精滤，而吾国绘画上于此最感缺憾者，乃在画面上不见“人之活动”是也。

吾所期于人之活动者，乃欲见第一、第二肌肉活动及筋与骨之活动。管他安置在英雄身上或豪杰身上，舟子农夫固好，便职业强盗亦好。因为靠着那几根骨头，那几根筋之活动，吾人方有饭可吃，有酒可饮，有生可乐，而有国可立。这种活动，在画面上，宽衣大袖，吊儿郎当之高人，是不参加的。

我只求画中人身体上哪几个部位活动，颇不注意他的社会阶级。有许多革命画家，虽刊画了种种被压迫的人们，改变了画风，但往往在艺术本身，无何等贡献。

有此观察，艺术家职责方无可躲避；有此观察，艺术家方更有力量；发掘自然之美，而吾国传统之自然主义，有继长增高的希望。中国前代典型之文人即日少一日，则其副业之文人画只余残喘。但吾非谓艺术家同当导于茫昧，胸无点墨，而退出文人以外也。相反的，艺术家应更求广博之知识，以美备其本业，高尚其志趣与澄清其品格。唯不甚需咬文嚼字之低能而已。

抗战改变吾人一切观念，审美观念在中国而得无限止之开拓。当日束缚吾人之一切成见，既已扫除，于初尚彷徨，今则坦然接受，无所顾忌者，写实主义是也。而国际画商大组织投机事业之法国达达派、德国表现派、意大利未来派、日本二科，等等，在中国原立足不稳，今尤遭受大打击，不再容留于吾人脑海中。此类投机分子，三年来销声匿迹，不再现形于光天化日之下。战争兼能扫荡艺魔，诚为可喜，不佞目击其亡，尤感痛快。而当日最为猖獗之法国巴黎，命运如此，亦使人发深省也。

图案美术，本为吾国文化上光荣之一。唯革命以还，吾人之生活方式，迄不得一当。礼乐既坏，器用大窳。抗战之后，吾人将知此后如何生活。经济问题，必得将安定，则此类装饰生活之具，势须创制或改进，无可疑者。吾国之漆器，光明不远，因有沈福文君工作。吾国之陶瓷，吾国之织物，必将再现先人光烈。因吾国今日固不乏卓绝之专家从事于此也。

开发西蜀，汉人之奇迹出现于世，新津出土之汉代浮雕，乃中国美术上无上之奇。画家与雕刊家，俱于此得导师，豁然获见吾族造型艺术上之原有精神。简朴而活跃，可称世界美术中最具性格之作。若成都省立博物馆中十余大片之汉石刊，与华西大学不少汉塑，皆昔人绝未寓目之珍品。吾人对之固无异18世纪末年Pempeii及Hercunaum古城之发现，而奠定欧陆洛可可后之古典主义也。抑吾壮烈之抗战史实，既足以激荡吾人之灵魂，而吾先民之伟制，适于同期出世，昭示吾人其阔大雄奇作风。倘文艺而不复兴，吾国此际艺人何颜而立于人世乎？尚欲坚守四王灵幡，而抱残守缺乎？尚欲乞灵于马蒂斯乎？尚欲借重八大山人之名，以掩饰斑点乎？噫嘻！

中国艺术家当前之危机，厥为生活艰难，自昔已然，于今为烈。作家资艺谋生，多所贬节。而初学者，亦图急功近利，无远大抱负。政府只知迁就事实，守着有饭大家吃的政策，不肯毅然有一显明之褒贬，可云遗憾。

油绘在中国，已建立健全基础，倘此群作者，再吸孔墨老庄马陶李杜等人所制之乳，便不难将Awaro Kideshevara变成送子观音，明眸皓齿，家家供养。

中国之新雕刻家，俱无良好健康，而小品太不发达，极为憾事。因条件不可强致，且自动之工作，方为艺术家正常生活工作。惜诸公未留心Janogra myrina、汉人、北魏人、隋唐人之作俑者，活泼天真也。

吾于是想念木刻名家古元。彼谨严而沉着之写实作风，应使其同道者，知素描之如何重要。总而言之，写实主义，足以治疗空洞浮泛之病，今已渐渐稳定。此风格再延长二十年，则新艺术基础乃同。尔时将有各派挺起，大放灿烂之花。

世界艺术之没落与中国艺术之复兴

诸位小姐、诸位太太、诸位先生：

今天我所讲的题目是《世界艺术之没落与中国艺术之复兴》。为什么要讲这个问题呢？一则因为吾人关切世界上一切问题，既讲艺术，当然我们需要明了世界艺术现状，恰巧这倒是可以鼓舞我们的。因为世界艺术正在没落的途径上。二则中国方从黑暗中跳出来，一切皆需寄予热烈之期望。我们在艺术方面倘能恢复到汉唐末全盛时代的水准，以及他们的造诣，就算不错，所以我提到中国艺术之复兴。但这仅仅是希望而已，并非现在已经复兴。正如侵略者刚刚撵走，而我们的身家，并尚未曾得到富强康乐一样的情形，还需得我们走向光明的道路，不断地努力，并需配合社会的正常进步方才能达到中国艺术复兴的目的。我现在先讲世界艺术之没落：

世界艺术从18世纪末年法国大革命以来，法京巴黎差不多成了它的中心，其原因因为法国大革命中文化部门的绘画领导人就是一位古典主义大画家路易·大卫，同时一位天才画家普鲁东，也是奈波来敦宫廷画师。二人出产了不少不朽杰作，奠定了此后世界艺术之基础倾向，接连籍里柯的浪漫主义，继起出个大画家德拉克洛瓦，于是写实主义的库尔贝、米勒，外光派之白习姜·勒班习，及印象派之集团，像人等，都是法国人，这几位都是运动分子。其外第一流了不起的大建筑家、大雕刻家、大画家，地位比刚刚所举的几位更重要的还有不少，所以法国一百多年来，总是据有领导世界艺术的地位。

巴黎因其在欧洲之政治地位，连带到它的一切繁荣，正因其在艺术上崇高的成就，于是巴黎即成为世界艺术之市场。目下巴黎，与其说它是世界艺术中心，毋庸说它是世界艺术之市场。但诸位要知道，20世纪之社会，是以经济为中心的，故巴黎既是世界艺术之市场仍不失为世界艺术的中心，可惜它正走向末路了。

因为欧洲19世纪的帝国主义之向外侵掠，南北美洲之极度开发，人民生活达到富足之境，于是精神上要求增长。而美国商人即利用这种情势，在巴黎建立国际性之美术堡垒，资本在美金一万万者有七八家，比琉璃厂长五倍的一条大街，几乎全是美国画商。而资本雄厚之东方美术商（以中国美术为基业者），尚不在内。上述之数家在纽约、伦敦、柏林、罗马，皆有支店，故其势力由操纵美术市场，进而操纵美术本身。

写实主义大画家米勒性情恬淡，久居巴比松乡间，一生未得志，迨其以后，其佳作《晚钟》为收藏家巨商购去了，价八十万法郎（约十万美金）。而印象主义群之画家，当时遭人讪笑后便大红特红，彼等之画，早时为画商收进，不过几百法郎，以后卖出便几万几十万法郎，于是画商想，这个是一本万利的好买卖，但不能持久，必须捧起新的人来，使此买卖永远不绝，方是办法。又是捧出存货甚多而不知名之作家，方有利可图。此中我加进一支插曲：1933年夏，我在巴黎名画家倍难尔座上，遇一某省美术会会长，述某画商买进塞尚作品故事。当某画商思各名家作品转手日少，忽想当年参加印象主义群中，一位画甚拙劣之塞尚。知塞为每年收入子金十万法郎之小资产阶级，即探其家居，乡间访之。此时塞尚已死去，其夫人寡居，画商入门言欲一观塞先生之画，塞夫人即导客厅，又开画室之门，任客观览。客即向塞夫人建议，愿以五十万法郎，购塞尚先生之画。夫人受宠若惊，默念其夫在日从未卖出一幅，今乃有人出巨资图收购其画，其中必有缘故，但又不愿失去机会，即答曰：我至少要保留客厅中所陈列者，作先生纪念。客亦不强，只需夫人允诺，绝不卖与别人之条件。塞夫人允诺，于是塞尚的作品装满半节火车运往巴黎。画商请人整理装裱，开始宣传。买通政府中主持美术者，令其作品收入博物馆，然后命人写文刊入美术杂志，尽量插图，尽力标榜横竖以印象派初期作品受人攻击为借口，为受攻击更起波澜，画之销路当将更好，果然一年两年三年，此已埋没十年之拙劣画家塞尚，会变成法国画派之红人。人为之功夫会到如此。此叙述有根有据，况在倍难尔面前叙述，事其为实毫无疑义。

现在巴黎艺坛之红人，一为毕加索，一为马蒂斯。马为四十年前俄国资本家捧出来的人，酷好美术，当时俄国有名画家如列宾、苏里科夫、隋洛夫、来维当等的杰作几乎尽为他所收藏。他生前即将他的收藏公之于众，所以现在莫斯科的俄国美术馆，仍旧保有他的名，此乃唯一资本家留传的名。因为苏联共产党认为他对文化有功绩也。他生前每年必到巴黎一次，等于江浙富户每年必到上海，河北乡绅必到北平一样，以金钱博取欢乐，并满足他的嗜好。画商们逢到好主顾，即引他看马蒂斯作品，他初说不懂，画商们说，此乃新兴艺术，那些老东西俄国也有，在圣彼得堡、莫斯科随便都是。只有马蒂斯，不但是俄国所没有，便在巴黎亦稀罕的。这话很打动了他的心，遂随便买了几张，今藏列宁格勒。而在当时巴黎画商，必须捧出能粗制滥造多产的作家，方有利可图，若规规矩矩之作风谨严之作家，一年只能出品几件，画商对之不能发生兴趣。所以这一类新派画家的作品，如不签名，必致无人过问。诸位想想，这尚成什么艺术品？希腊古人留与吾人之卖物，多无名款，中国唐宋陶瓷，俱是无名英雄作品，但人人爱好。不以无名损其价值，此类艺术家作品如此，其价值可知。

本来，艺术品亦占唯心论的主观成分，如胃口不好，任何美味不感兴趣。而偏嗜者，尤不可衡以常理。如中国西南及印度人，均爱辣。并有喜欢吃臭的，中国古代六朝时候，有一人喜吃人身上的疮疤，又有一人喜吃狗屎。欧洲人的眼睛，因为几次世界大战，不把艺术当作认真的东西。现在喜欢吃狗屎，到底这不能算是常态，所以我说它没落。画商所捧的人，既有国际组织，自然能有重名，反致欧洲真正大美术家，默默无闻。如法国之夏凡、薄特理、倍难尔·门采尔，德国之莱柏尔，俄国之列宾、苏里科夫，西班牙之索洛拉、白司底达、朱蛮干，荷兰之伊司赉，瑞士之霍特莱，意大利之米开朗琪罗、丁托列托、塞冈第尼，那些人的名字，其名完全不为吾人所知。故知海上有逐臭之夫，不是虚语。

这完全是怪现象，一种变态心理，完全叫人不懂。人愈不懂，他愈以为好。记得巴黎有个形容新派画的故事，说一个新闻记者参观一个大展览会，发见了一幅杰作，即往拜访作者。及见面，恭维备至，请问作家此杰作作成过程。此作家漫应曰："此画不是我画。"记者诧异道："此画不是你的作品，究竟是谁的作品？"作者说："这是驴子画的。"记者更加诧异，请问其详。

作者即说："我用一把笔涂上颜色，绑在驴子尾巴上，然后以画布承其屁股后，任其左一下击，右一下击，至布上涂满颜色为止，签上名字。实在，这画是驴子作品……"我又记得二十年前，在柏林看见他原来是个名作家，后来投机，恐怕是挖苦表现派的，他的画可以颠倒横竖挂，不晓得是风景，抑或是什么。好比上海某杂志"揭黑纸"一派，题为黑人在夜间挖煤的玩笑一样。画家的态度，变到如此，不是没落是什么呢？

20世纪，各种学术都在进步，只有欧洲自15世纪发明油画以后，工具完备，可是已丧失了它再作简陋之作品之资格。现在欧洲艺术之没落讲完，在中国艺术之复兴以前，我还须讲些中国艺术之没落。

中国艺术没落的原因，是因为偏重文人画，王维的“诗中有画，画中有诗”那样高超的作品，一定是人人醉心的，毫无问题，不过他的末流，成了画树不知何树，画山不辨远近，画石不堪磨刀，画水不成饮料，特别是画人不但不能表情，并且有衣无骨，架头大，身子小。不过画成，必有诗为证，直录之于画幅重要地位，而诗又多是坏诗，或仅古人诗句，完全未体会诗中情景，此在科举时代，达官贵人偶然消遣当作玩意。至于谈到艺术，为文化部门，绘画尤为文化重要项目。以他去发挥人的智慧，品性和诗词、小说、音乐、戏剧，用其功用，那么，这一类没落的中国画，是担当不了这个使命的。

王维、吴道子的高风，不可得见，其次者如马远之松，夏圭之杉，亦难得见。在今日文人画上能见到的不是言之有物，而是言之无物和废话。今日文人画，多是八股山水，毫无生气，原非江南平远地带人，强为江南平远之景，唯模仿芥子园一派滥调，放置奇丽之真美于不顾。我得声明，我并非唯物论者，不过曾经看到如此浮泛空虚，毫无内容之画，如林琴南，原是生长在高山峻岭、长江大河、巨榕蔽天、白鹭遍地之福州，偏学我江苏不甚成才之王石谷。其无志气，既可想见，其余更无论矣。

海派造型美术，绘画雕塑，这完全是画商作怪，

夏圭《烟岫林居图》页

毫无疑义。本来艺术为人类公共语言，今乃变成了驴鸣狗叫却不如，驴鸣多为求偶，狗叫尚为警人，都有几分为了解的表情也。天下只有懂得人越多越发伟大的作品，如希腊雕刻，文艺复兴时代重要作品，吾国唐宋绘画，其妙处万古常新，敢武断一句没有人懂得就不是好东西，比如食物哪有不堪入口而以为美味的呢？除非是狗屎一类的东西。并且，以我的经验，凡是不成才的作家，方去附和新派，中外一样，可想见其低能，以求掩饰之苦心了。

这类新派名目繁多，在意大利为未来派，在德国为表现派，名虽不同，其臭则一。搞到如此，有光荣历史之法国，目下已找不到几位真能写画的人，岂非悲运。

不知各类艺术，多有其自然之限制，勉强不得。如雕塑之不能做成飞的形态，除非浮雕。未来派画猫八只脚，说是动的情形，如此是想要以画与电影竞赛，何能济事？只求味好，不必苛求，香气能香固好，但香而味不好，于口毫无益处。如诗的境界，音乐的境界，能有，固然与画有益，若专求诗境、乐境，而生画境，这手和眼睛便为无用。试问音乐不为听，味不中口，图画雕刻不为看，这还不是白费精神，暴殄天物？所以，我批评这一类艺术家，总之为以机器遗造石斧。猿人时代用手制成之石斧，自然可当文化之胎，现在用20世纪完备之机器去制造石斧，亦何可笑？京调只思媚俗，相习成风，不图进取。须知要晓得我们的敌人日本，既解除武装，只有覃精文治，他们以后全国人都是中学毕业，知识水准提高，又能集中精力于艺事，他们又有普遍的爱好，丰富的参考标本，不像我们只藏得有几张四王恽吴山水。在世界文化角逐起来，我们要不要警惕！我们在一切上都应当放大眼光，尤其在艺术上不放大眼光，那真不行。讲到这里，我又要批评只用作风区别南北两宗派之无当。用重色金碧写具有建筑物的山水，以大李将军为师，号北宗。用水墨一色，以王维为祖的号南宗。何不范宽的华山的为华山派，倪云林江南平远的为江南派为得当。因如此，便能体会造物面目。如法国19世纪能成为技尔皮茸派是也。专写湖沼、水光、大树、森林，缀以农夫耕牛，而无高山峻岭之雅。

假使能如此分派，则这卢雁岩、黄山、太华、九嶷、罗浮、武夷、天台、青城、峨眉、鼎湖、赤城，将有真面目，并且约略看见些各地的鸟兽，草木，助长些遐想的。对不起，吾又要加入一支插曲：民国二十六年抗战初期，我在重庆，四川省教育厅请我主考四川省中学图画教员，要我出题目，我便出两个如下之题目："至少两个四川人，在黄榕树下有所事，黄榕树不画树叶。"弄得试生束手无策，原定两点钟内完卷，半小时过，尚无消息，开始议论，抱怨地说这个不像题目。难道四川人与别地有啥子两样，况且不画树叶怎么会表示不出什么树？为我听见，我便答道：正因为你们都是这样想法，所以我要考你们，对于事物的观察如何。你们即考上，亦不过一个中学教员，我当然不责备你们交出什么杰作，不过治艺术，唯一要点是观察能力。比方黄榕树，画的身干盘根枝节，何必用叶子来表示？中国画家画树，除松树树身上圈几个圈外，千篇一律。画杨柳敷赭色，画点圈便叫柏树，对树木、树干、树枝完全不理，这算作画吗？至于人相，如果用人相来区别，当然较难。比如说，广东人眉目距离更近，湖南人下颔内削而小，常多露齿。北方人殊黑，较南方人为自然。画出区别不容易，不过要人一望而知为四川人，那最容易不过了。头上缠块白布，穿上长衫光了脚，不即是四川人么？所谓有所事，即摆龙门阵也好，赌钱也好，耕地也好，撑船也好，极度自由，有什么难呢？他们释然大悟，但总觉得题目有此别扭，因为完全出于他们想象以外。交卷后，细阅之，当然没有佳卷，因为他们所学，是另外一套，全离开事物，而全不用观察也。

我所谓中国艺术之复兴，乃完全回到自然，师法造化，采取世界共同法则，以人为主题，要以人的活动为艺术中心，舍弃中国文人画的荒谬思想独尊山水，山水非不可学，但要学会人物花鸟动物以后，如我国古人王维，样样精通，然后来写山水。并不是样样学会，方学画山水，因为山水是综合艺术，包括一切，如有一样不精，便即会露马脚。哪有样样不会，只学一些皴法，架几丛枯柴，横竖两笔流水，即算是山水的办法。考其内容，空无一物。王维、李思训因为物证，但展开李成、范宽的杰作，与近代人物画相较，真如神龙之于蝼蚁，相去何啻霄壤。人家武器已用原子弹，我们还耽玩一把铜剑，岂非奇谈。

音乐有所谓庙堂音乐、房间音乐，如吾国之七弦

李成《茂林远岫图》卷

琴，非不高雅，但只可在房间内，燃起一炷香，品一杯清茗，二三人相与欣赏。若在稠人广众之中，容积五六十人的场面，便完全失去它的作用。倘在几千人集合的大厦，一定需要巴哈、贝多芬、范拿内的大交响曲，方压得住。中国画习见之古木竹石，非不清雅，但只可供一间小客厅内陈设，若置于周围二三十丈的大展览会，纵是佳作，亦必不为人注意。比之四川泡菜，极为口爽，但不能当作大菜做享宴之用。绘画雕刊，在全盛时代专用作大建筑物上的装饰，供大家瞻仰，后世乃有消遣品出现。唯世界动荡祸乱频仍，大作品随着事变损失，小作品携带容易，后能流传后世。故上古艺圣菲狄亚斯的作品，今无所遗，反靠那些出土的诡俑，考见其遗风余韵的影响。吾国唐代画圣吴道子那些在庙宇中的辉煌的大壁画，千百年后，全数毁灭，幸而在敦煌洞窟中，尚保得许多5、6、7、8世纪的佛教壁画，皆出于无名英雄之手，尚精妙如此，再去想象当年吴道子所作，应当高妙奇美至如何程度！他的“画圣”尊号，一定不是如王石谷那样凡庸侥幸得来的，我们要拿他做标准。

所以，我们如果希望中国艺术要达到它如唐代的昌盛，第一需要有一群有大智慧而有志之士，如曹霸、王维、吴道子、阎立本一类的人物，肯以全力完成他们的学术，再给他们一些发展他们抱负的机会，使得他们能够完成他们的作品。其间有一重要条件，即建筑家必须是艺术修养的学者，而不仅仅是一位土木工程的设计家，根本在墙壁上是不注意的。第二是以后的政治家，必须稍具审美观念，承认艺术是发挥人类思想及智慧的工具，不加漠视，使每个时代的代表艺术工作者，留下一些每个时代的记号，供后人欣赏也好，参考也好，取材也好，嘲笑也好。

我并在此郑重指明，要希望艺术昌明，单靠办学校是不够的，唯办学校而又不取光明的途径，便堵死了艺术的生长。因为如不办学校，听其自生自灭，它倒可以自由采取它适合的形式，或者它自能得着光明的途径，如办学校，而仍走黑暗的道路，则强定一型，以束缚一切，必将使可造之才，斫丧而成废料，其祸比较无学校为尤大。学校的功用，仅仅使一般愿投身艺术工作者得充分启发其才智如种五谷，使其能充分成熟而已。

除开办设立教学完善学校以外，真能帮助艺术进步的，莫过于美术馆了。任何文明国都市，都有美术馆的

阎立本《步辇图》卷

设立，所以陈列古今美术品亦用以鼓励新进作家。各国用以考验人民文化程度，此亦为其一端，惜乎我国人已知图书馆的重要，独未尝感觉美术馆的重要，图书馆之灌输知识，美术馆陶养性情，功用是相等的，而为劳动者之消除疲劳，儿童之启发智慧，以及慰藉休息时间稀少者，其功用之发挥，较图书馆为尤大，尤其是艺术天才的归宿地。因为假定吾国真有个吴道子、王维再世，或者米开朗琪罗、伦勃朗等转世在中国，他们当真出产了许多惊人作品，而无地方容纳他们的作品，也是枉然。比如现在中国齐白石、张大千、溥心畬、溥雪斋等诸先生作品，除私家收藏外，不能见于公共场所，岂非憾事。问人家喜欢吗，我可以答至少一半的群众是喜欢的，否则不成其为文化城之市民，然则何不急急办一美术馆呢？公家的美术馆办得像样，私家的宝贵收藏自然就会向那里捐出。看郭世五先生向故宫博物院所捐收藏历代名瓷，以及傅沅叔先生将他校勘的藏书凡四千部捐入北平图书馆，是其明证。

一般社会之审美观念提高，可以增进人类美术品的爱好，于是有天才出，便不愁没有发挥才能的机会。人才多了，有意义的作品多了，并藏在公共地方为大家欣赏，并晓得欣赏，那便是文艺复兴了。这件重大的文艺复兴工作，吾人在迎接它的来临以前，有一起码条件，就是要先有清洁干净的穷人。因为清洁的习惯都没有的人，不能希望他爱美术的，正因为美术是人类精神上之奢侈。美术的敌人有二，就是穷与忙。而他真正的死敌，乃是漠不关心。清洁都不注意的人，其它身外之物，当然更不注意了。

我希望此后从事艺术工作的人，要立大志，要成为世界上第一等人，作出世界上第一等作品。他的不朽的程度，与中国孔子、司马迁、陶渊明、李白、杜甫，外国的柏拉图、亚里士多德、但丁、莎士比亚、牛顿这一类人等量齐观的。千万勿甘心于一种低能的模仿一家，近似便怡然自足，若是如此，可算没出息，若真如此的话，吾人热烈期待文艺复兴便无希望，恐怕我们以往的敌人，倒完成他们的文艺复兴了。这是多么需要警惕的事呀！耗费诸位宝贵的光阴——谢谢。

复兴中国艺术运动

吾本欲以建立中国之新艺术为题，只因吾国艺术，原有光荣之历史，辉煌之遗产，乃改易今题。所谓复兴者，乃继承吾先人之遗绪，规模其良范，而建立现代艺术。慰藉吾人之灵魂，发挥吾人之怀抱，展开吾人之想象，弹精吾人之思虑也。在此类种种步骤进行以前，必须先有番廓清陈腐、检讨自我之工作。

一论思想，吾先人遗留与吾人之伟制，如建筑方面有长城、天坛，近在眼前；雕刻方面有龙门、云冈、宾阳洞、天龙山；绘画方面有敦煌千佛洞，其伟大之结构，如维摩诘接见佛使文殊师利。此固可视为外来影响，非中土本位文化；但如吾所藏之《八十七神仙卷》（中华书局出版）其规模之恢宏，岂近代人所能梦见！此皆伟大民族在文化昌盛之际，所激起之精神，为智慧之表现也。无他，亦由吾国原始之自然主义（Naturalism）发展到人的活动努力之成绩也。在古希腊全盛时代，其铎尼式、育尼式、高休式三种建筑上，恒以神话人物为雕刻及壁画之题材，产生杰作，不可胜数。惜我国民族天才，为佛教利用，亦创造了中国型之佛教美术。顾吾国虽少神话之题材，而历史之题材则甚丰富，如列子所称清都紫微钧天广乐帝之所居。大禹治水、百兽率舞、盘庚迁殷、武王伐纣、杏坛敷教、春秋战事、负荆请罪、西门豹投巫、萧萧易水、博浪之椎、鸿门之会、李贰师之征大宛、班定远之平西域等不可胜数。皆有极好场面，且少为先人发掘者。其外如海市蜃楼，亦资吾人无穷冥想。益以民间传说，画材不避迷信，可说丰满富足，无穷无尽也。

在此方面，检讨吾人目前艺术之现状，真是惨不可言，无颜见人！（这是实许，因画中无人物也）并无颜见祖先！画面上所见，无非董其昌、王石谷一类浅见寡闻，从未见过崇山峻岭而闭门画了一辈子（董、王皆年过八十）的人造自来山水！历史之丰富，造化之浩博，举无所见，充耳不闻，至多不过画个烂叫花子，以为罗汉；靓装美人，指名观音而已。绝无两人以上之构图，可以示人而无愧色者，思想之没落，至于如此！中国三百年来之艺术家，除任伯年、吴友如外，大抵都是苏空头，再不自觉，只有死亡！以视西方巴尔堆农，Halicarnes陵之雕刻，以及达·芬奇之《最后晚餐》，米开朗琪罗之《最后的审判》，拉斐尔之雅典派，提香之《圣母升天》，丁托列托之《圣马可的奇迹》，鲁本斯之《天翻地覆》，委拉斯开兹之《火神的锻炼工厂》，伦勃朗之《夜巡》，近代若吕德之《出发》，德拉克洛瓦之《希阿岛的屠杀》，门采尔之《铁厂》，夏凡之《和平》，罗丹之《地狱之门》等作，真是神奇美妙，不可思议。彼有继起，而吾中断，但以吾先人之遗产比之，固毫无逊色也。然问题是现在与将来，而非既往——昔日之豪华，不能饱今日之枵腹也！

二论技巧：古人形容高贵精妙之技术，曰传神阿堵，曰真气远出，曰妙造自然；今人之所务，仅工细纤巧而已，且止于花鸟草虫；其外已少能写人像之人，少能画动物之人，少能画界画之人，少有能画一树至于高妙之人，虽多画花鸟虫鱼之人，而真精能与古人抗手者，不过三五人而已！以中国之大，人民之众，艺事之衰落，至于如此，若再不力图振奋，必被姊妹行之科学摒弃！更无望自立于国际！

吾人努力之目的，第一以人为主体，尽量以人的活动为题材，而不分新旧；次则以写生之走兽花鸟为画材，以期达到宋人水准；若山水亦力求不落古人窠臼；绝不陈列董其昌王石谷派人造自来山水，先求一新的艺术生长，再求其蓬勃发扬，大雅君子，幸辱教之。

我对于敦煌艺术之看法

中华民族原较东西文明各民族少宗教意识。自汉通西域，引佛教东来，更乘六朝丧乱孔多之际，佛教得以昌盛。于是为宗教服务之艺术，改变形式，大受印度影响。其中士大夫阶级，尚有守中国原来传统之作品（如顾恺之《〈女史箴〉图》、展子虔《游春图》等，假定它们都是真迹），若六朝之洞窟艺术如云冈、龙门、天龙山之属（宾阳洞高刻已建立中国风格），大抵皆染印度影响甚深。因佛教此时极发达，既刊划佛教，用其形式，当不可避免。只建筑仍中国风格，因印度用石，中国用木，虽已无六朝建筑存在，但唐建尚有，以唐推断六朝，想能仿佛。绘画则由汉人丹青，发展到唐之极度壮丽完备，我可约略与印度做一比较。吾国古人好言印度犍陀罗艺术，以我游印亲眼所见，此染有希腊坏影响之北印度艺术，可以谓之希、印两族合瓦之艺术，因其全无希腊、印度之优美，而适有各个之缺点也。此可由上海土山湾教士传授中国人油画得一概念，其中国人所画之作品，全是中西合瓦，毫无意识！印度美术与中国美术时代兴衰有相同之点，即其上古甚有创造力（阿育王时代）（西汉），中衰历5、6世纪，而极盛于7、8、9世纪（唐代）。如今日印度之伟大作品若Elephanta，

Mawaripuram，Elora等地所存之雕刻，Ajanta之壁画，彼之极盛时代，与我国之极盛时代精神一致，即民族形式之形成；以印度Elephanta象庙及Elora之西梵天主伉俪浮雕（希腊王4世纪标准），与犍陀罗艺术之在北印Taxila（不久以前发掘出一世纪左右古城），以及拉合尔等大城市各大博物院所藏古雕刻相比，其精粗真如珠玉之于瓦砾！因我所见大小不下数千件犍陀罗作品，三等以上之物未得见一件。若象庙之三面像及Elora雕刻，伟大精妙，则是奇观，可与埃及、希腊杰作比拟也。此犍陀罗风格之被中国接受，遂致中国失去汉人简朴而活跃之风格，形成一种拙陋木强之情调。迨唐代中

弹琴飞天

国性格形成，始有瑰丽之制。故敦煌盛唐作品，其精妙之程度，殆过于印度Ajanta壁画。

吾国自汉及宋千年文物大都毁坏，文献不足征，幸有敦煌洞窟保存得数百件完整壁画与雕刻，可考见吾国各时代之风格与兴衰之迹。而最重要，唐代中国文艺高峰之存于绘事者，可约略窥见一斑，为吾人想象不可得见之吴道子、王维高妙作品之助，而又证明借助他山，必须自有根基，否则必成两片破瓦，合之适资人笑柄而已，征之印度与吾国皆有明例也。又魏时之喃喃派（Archaisme，亦可称之未成熟之山林隋调）不能比汉之喃喃派，因汉代雕刻之到达武梁祠境界，如人之已能语言，差足表情，若降而又返回喃喃情调，则有如患脑膜炎而哑者之语言表情，显出故病态。敦煌北魏之飞天，不足比辽阳汉画，而盛唐供养人则可考见中国绘画之大成。合以历世所卷遗轴观之，治中国中古艺术史，得过半矣。

张大千与敦煌壁画

孔子曰：知之者，不如好之者；好之者，不如乐之者。知之者，如骨董鬼，持一物可牟利；又如考据家，借一物，可遣闲岁月。好之者，则如斯坦因、伯希和辈，顺手牵羊，名利双收。乐之者，乃心中好之，废寝忘食，盈年累月，不计任何困难，唯求满足及完成其理想上之作为。此作为，殆无功利可言。其困厄至极，或竟须以身殉。苟非纯由自动，固非威力可以勒逼与重利之啖使，得冀其成功者。故张大千先生之以三四年之光阴，久居幕北，耗其全力，临摹吾国最昌时代，而远闭置于塞外洞窟中之精妙敦煌绘画，其精神视宗教家之传道与近世科学家追寻真理，无二致也。此类行为，皆在知之者、好之者之上，盖孔子之所谓乐之者耶。凡对一事物之乐之者，必具深邃之探讨，坚强之毅力，而构成其高迈之气魄。吾想身临大千模摹敦煌壁画之展者，应同具“看事容易做事难”之感。尤其在此时代而为之。吾故于大千致其无限钦迟。虽非其创作，其在艺术上功绩，已至为伟大。而此精神，尤足为一切胆怯者示范，不仅为艺术家也。

自元以降，吾国绘画以文人所写山水为主派，简单之花鸟与古木竹石等附之，而乏博大壮丽之人物，为工匠之能，实亦因民族衰颓，庙堂殿阁等大建筑毁坏，北方高原久沦于戎狄，人民于丧乱流窜之余，抱残守缺，已是满足。更无人想象盛世之隆，而振往日雄奇典丽之风者，故诗歌绘画雕刻之兴衰，实一民族兴衰之全貌，无丝毫假借者也。其间作画之文人因自身已是文人，在朝野已具足地位，其画之造诣可不深论，流弊所中，董其昌以下四王一类之人造自来山水，成为17、18、19三世纪亘三百年中国绘画上典型作品。而王石谷且被人称为画圣，低能而无耻竟至于此，极真不堪想象。

大千以其卓绝之天才，湛深之功力，在中国绘画上之造诣，吾已早言其突过有明诸贤山水，与元人争席。漫游天下，尽览吾先人所遗巨迹，又且唾吐珠玑，腹屐经史，文人业画，实具极致。吾尤敬其不恋旧都，智脱倭阱，肩负家累，建此奇勋，嗟叹柴米，吾亦不免，以视大千诚当汗颜，今也，此暮气沉沉之，另一世界光辉如能是焕烂，此之于诗，此当是元白后辈，若出李杜之鸿篇巨制，得摩诘道子之辈所制，如当日东坡所见者，吾人欢喜赞叹之情，将不知到达如何程度，抑吾人对于先人遗产，所起之骄傲心情，且或更使人讨厌也。

二十年以来，吾既提倡写实主义，颇抨击所谓通行之文人画，吾主张画工须读书不必文人作画，至今吾犹坚决主张如是。但以传统之中国绘画而言，若得条件具足之文人画家如张大千先生，肯以全力奔赴博大精微既通而久塞之美术大道，宁非理想之复兴人物。虽大千自况亦当毕生负责不辞者也。故吾人此后之期待，为大千以完整之装备，出现其声如洪钟，虬髯阔步之本人姿态。蔚为中华民族复兴之光，则三四年塞上之行意义抑更大也。

吾尚欲有言者，乃印度同时代（重要作品亦为七八世纪）有名之安强答（Ajanta）洞庙壁画质胜于文，以精诣言之，实逊敦煌制作远甚，因其功力尚未逮写出真实也。不有宗教，当然无凿洞之笨伯，而吾国民族在六七世纪，卓越之绘画天才虽有表现，但不能及于后世（吾人）。敦煌绘画虽蒙印度影响，实是高妙之中国美术，与印度绘画迥乎不同。吾所恋恋者，尤在其写实部门，其人可供谈笑，其飞仙亦无上美妙，凌驾西欧古代作品也。

1944年9月1日

《张大千画集》序

夫独往独来，啸傲千古之士，虽造化不足为之囿，唯古人有先得我心者，辄颠倒神往，忍俊不禁。故太白天人，而醉心谢朓，透纳（Tuner）画霸，独颂赞罗郎（Lorrent）。此其声气所通，神灵感召，有不知其所以然者。大千以天纵之才，遍览中土名山大川，其风雨晦冥，或晴开佚荡，此中樵夫隐士，长松古桧，竹篱茅舍，或崇楼杰阁，皆与大千以微解，入大千之胸。大千往还，多美人名士，居前广蓄瑶草琪花，远方禽兽。盖以三代两汉魏晋隋唐两宋元明之奇，大千浸淫其中，放浪形骸，纵情挥霍。其所挥霍，不尽世俗之所谓金钱而已，虽其天才与其健康，亦挥霍之。生于二百年后，而友八大、石涛、金农、华岩，心与之契，不止发冬心之发，而髯新罗之髯。其登罗浮，早流苦瓜之汗；入莲塘，忍剜朱耷之心。其言谈嬉笑，手挥目送者，皆熔铸古今；荒唐与现实，仙佛与妖魔，尽晶莹洗练，光芒而无泥滓。徒知大千善摹古人者，皆浅之乎测大千者也。壬申癸酉之际，吾应西欧诸邦之请，展览中国艺术。大千代表山水作家，其清丽雅逸之笔，实令欧人神往。故其《金荷》藏于巴黎，《江南景色》藏于莫斯科诸国立博物院，为现代绘画生色。大千蜀人也，能治川味，兴酣高谈，往往入厨作羹飨客，夜以继日，令失所忧。与斯人往来，能忘此世为20世纪，上帝震怒下民酣斗厮杀之秋。呜呼大千之画美矣！安得大千有孙悟空之法，散其髯为三千大千，或无量数大千，而疗此昏聩凶厉之末世乎？使丰衣足食者不再存杀人之想乎，噫嘻！

丙子三月

《齐白石画册》序

夫道以中庸为至，而同含广大精微。昧者奉平正通远温顺良好为中，而斥雄奇瑰异者为怪。其狂则以犷悍疾厉为肆，而指气度雍容者为伪。互相攻讦，而俱未见其真者也。艺有正变，唯正者能知变，变者系正之变，非其始即变也。艺同运用无尽，而艺之方术，至变而止。例如瓷本以通体一色纯洁无瑕为极品，亦作者初愿所期望，其全力所赴。若形式之完整无论矣，如釉泽之调和精密配剂，不虞其他也。即其经验所积，固已昭然确凿审知也，不谓以火率先后之差。其所冀通体一色，能洁无瑕之器，忽变成光怪陆离不可方物之殊彩。拟之不得，仿之不能，其造诣盖出诸意料以外者，是固非历程之所必有，收效之必善。顾为正之变也，恒得此境，要皆具精湛宏博之观，必非粗陋荒率之败象，如浅人所设似是而非之伪德也。

白石翁老矣，其道几矣，由正而变，茫无涯。何以知之？因其艺至广大，尽精微也。之二者，中庸之德出。真体内充，乃大用外腓，虽翁素称之石涛，亦同斯例也。具备万物，指挥若定，及其既变，妙造自然，无断章取义，所窥一斑者，必背其道。慨世人徒袭他人形貌也，而尤悲夫尽得人形貌者犹自诩以为至也。

辛未六月悲鸿序

李可染先生画展序

芒砀丰沛之间，古多奇士。其卓荦英绝者，亘命世而王，冠冕宇内，挥斥八荒。古今人执业虽各有不同，禀赋或殊，但其得地灵山川之助，应运而生者，其吐属之豪健奔放，风范之高亢磊落，以视两千年前亡秦革命之夫，固同一格调也。吾友刘君开渠，徐州人，其雕塑已在吾国内开宗；而徐州李先生可染，尤于绘画上，独标新韵。徐天池之放浪纵横于木石群卉间者，李君悉置之诸人物之上，奇趣洋溢，不可一世，笔歌墨舞，遂罕先例，假以时日，其成就诚未可限量。世之响慕瘿瓢者，于此应感饱啖荔枝之乐也。夫其兴之所至，不加修饰，或披发佯狂，或沉醉卧倒，皆狂狷之真，为圣人所取。必欲踽踽凉凉，目不斜视，憧憬冷肉，内外皆方，识者已指之为乡愿，而素为李君之所不屑者也。重庆近代，亦多磊落不羁之士，李君之展，当不患无知音在也。

1944年12月

吴作人画展

作人为今日中国艺坛代表人之一，天才高妙，功力湛深。1933年夏，余在北京王家美术学院，晤其师白司姜先生，告余曰：此优异之学生，令本院生光。益作人于先一年，在全校竞试获第一，有权利占院中单人画室居住工作。尔时，作人即有多量可记之产品，受欧洲北派熏陶，色彩沉着，《纤夫》一幅，可代表此期作品。厥后返国任教中大艺系，一本吾人共守之写实主义作风，孜孜不懈，时以新作陈出为人称道。七七后，随中大迁川，曾赴前方写取抗战史实。三二年（1943年）春，乃走西北，朝敦煌，赴青海，及康藏腹地，摹写中国高原居民生活，作品既富，而作风亦变，光彩焕发，益游行自在，所谓中国文艺复兴者，将于是乎征之夫。其得天既厚，复勤学不倦，师法正派，能守道不阿，而无所成者，未之有也。彼为画商捧利之作家，虽亦颠倒一时，究非吾人之侣也，抑其捧制之方法，为吾人所谂之，状实可鄙，昧者尤而效之，终亦不能自藏其拙也，作人其安于所守，已亦邦家之光也。

叶浅予之国画

叶浅予先生素以漫画著名，驰誉中外，近五年来，方从事国画，巡礼敦煌，漫游西南西北，撷取民间生活服饰性格及景物。三年以前曾在重庆中印学会公开其随盟军军中及至印度旅行之作与新国画一部陈列展览，吾时赴观，惊喜非常，满目琳琅，爱不忍去，即定购两幅，但最重要之幅，已为人先矣。

漫画家之观点在捕捉物象之特著性格，从而夸张之，其目的在予人以更深之刺激，此陀绵（Daumier）之所以伟大也，浅予在漫画上之成功当然握有此种能力；而此种能力，实为造型艺术之原子能！漫画要点，尤在掌握问题核心，而用极简单之方式说出，使之极度明朗。纵是含有极深刻意义作品，但必出以简单明朗之笔调，故必须扼要，吸取精华，而弃遗糟粕，此尤为一切高级艺术成就之必具条件，九方皋之相马，伯乐咨嗟叹息赞美其“视其所视，不视其所不视，见其所见，而遗其所不见者”此也；见其所见须具有极大智慧，遗其所不见尤必具有极大功力，方肯扬弃那些细枝末节淆惑观感而不必要的东西，皆可得同样成就；唯其范围广狭则各人不相同耳。

画家习惯于曲线用法，恒不注意直线形体，此中国之所以在抒情山水及花鸟两部门特别发展（虽有专长亭台楼阁如赵大年、袁江之辈，但古今极少），但从艺术言之，究是缺憾（文艺复兴时代巨作均带建筑物）。浅予之界画一如其速写人物，同样熟练，故彼于曲直两形体，均无困难，择善择要，捕捉撷取，毫不避忌，此在国画上如此高手，五百年来，仅有仇十洲、吴友如两人而已，故浅予在艺术上之成就，诚非同小可也。

作风之爽利，亦为表现动人之重要功能，浅予笔法轻快，动中肯綮，此乃积千万幅精密观察忠诚摹写之结果！率尔操觚者决不能望其项背，此又凡知浅予之忠勤于艺者，不可忽视之观点也。

艺术固当以现实为满足，即海市蜃楼，列子御风，百兽率舞，凤凰来仪，极乐世界，地狱变相，凡思力所至之境，亦应为艺术所至之境，惜中国近数百年来，类多低能作家，举所理想，无非残山剩水，枯水竹石，此以人生言之，已如槁木死灰，无复有活趣，安用有此等艺术乎！故吾人必须先把握现实，乃可高谈理想，否则，定是阿Q，凭胡说过瘾而已！毫无补于事实也。

中国此时倘有十个叶浅予，便是文艺复兴大时代之来临了！

任伯年评传

任伯年名颐，浙江萧山人，后辄署名“山阴任伯年”，实其祖籍也。其父能画像，从山阴迁萧山业米商。伯年生于洪杨革命之前（1839年），少随其父居萧山习画，迨父卒（伯年约十五六岁）即转徙上海。是时任渭长有大名于南中。伯年以谋食之故，自画折扇多面，伪书“渭长”款，置于街头地上售之而自守于旁。渭长适偶行遇之，细审冒己名之画实佳，心窃异之，猝然问曰：“此扇是谁所画？”伯年答曰：“是我爷叔。”又问曰：“任渭长是汝何人？”答曰：“是我爷叔。”又追问曰：“你认识他否？”伯年心知不妙，忸怩答曰：“你要买就买去，不要买即算了，何必寻根究底。”渭长夷然曰：“我要问此扇究竟是谁画？”伯年曰：“两角钱哪里买得到真的任渭长画扇？”渭长乃曰：“你究竟认识任渭长否？”伯年愕然无语。渭长乃曰：“我就是任渭长。”伯年羞愧无地自容，默然良久不作一声。渭长曰：“不要紧，但我必欲知这些究谁所画？”伯年局促答理曰：“是我自己画的，聊资糊口而已。”渭长因问：“童何姓？”答曰：“姓任。习问当年，父亲常谈渭长之画，且是伯叔辈。及来沪，又知先生大名，故画扇伪托先生之名赚钱度日。”渭长问：“汝父何在？”答曰：“已故。”问：“汝真喜欢作画否？”伯年首肯。渭长曰：“让汝随我们习画如何？”伯年大喜，谓：“穷奈何？”渭长乃令其赴苏州从其弟阜长居，且遂习画。故伯年因得致力陈老莲遗法，实宋以后中国画正宗，得浙派传统，精心观察造物，终得青出于蓝。此节乃二十年前王一亭翁为余言者。一亭翁自言，早岁习商，居近一裱画肆，因得常见伯年面而爱之，辄仿其作。一日为伯年所见而喜，蒙其奖誉，遂自述私淑之诚。伯年纳为弟子焉。

任氏画皆宗老莲，独渭长之子立凡学文人画，不肖其父、其叔，浮滑庸俗。其于伯年造诣，不啻天渊。伯年学成，仍之沪。名初不著。有人劝其纳资拜当时负声望之老画家张子祥（熊）。张故写花鸟，以人品高洁，为人所重。见伯年画大奇之，乃广为延誉。不久，伯年名大噪。

伯年嗜吸鸦片，瘾来时无精打采，若过足瘾，则如生龙活虎，一跃而起，顷刻成画七八纸，元气淋漓。此则其同时黄震之先生为余言者。

伯年之同辈为胡公寿、钱慧安、朱梦庐、舒萍桥。其中胡公寿为文人，朱、舒皆擅花鸟，但均非伯年敌手。

伯年之学生有徐小仓、沙山春、马镜江。小仓、山春皆早逝，镜江亦不寿，有《诗中画》行世。

倘天假彼等以年，可能均有成就。后有倪墨耕，民国初年，尚在沪鬻画，不过油腔滑调而已。伯年卒于光绪乙未（1895年）。伯年有一子一女。女名雨华，学父画，甚有得，适湖州吴少卿为继室，吾友吴仲熊君之祖也。吴少卿毕生推崇伯年，故断弦后婿于伯年，雨华无所出。伯年逝世（1895年）时，其子堇叔年才十五，故遗作皆归雨华。雨华卒于民国九年（1920年）。余居上海，与吴仲熊君友善，过从颇密。仲熊知吾嗜伯年画，尽出其伯年父女遗迹之未付裱者，悉举以赠，可数十纸。后吾更陆续搜集，凡得数十幅精品，以小件如扇

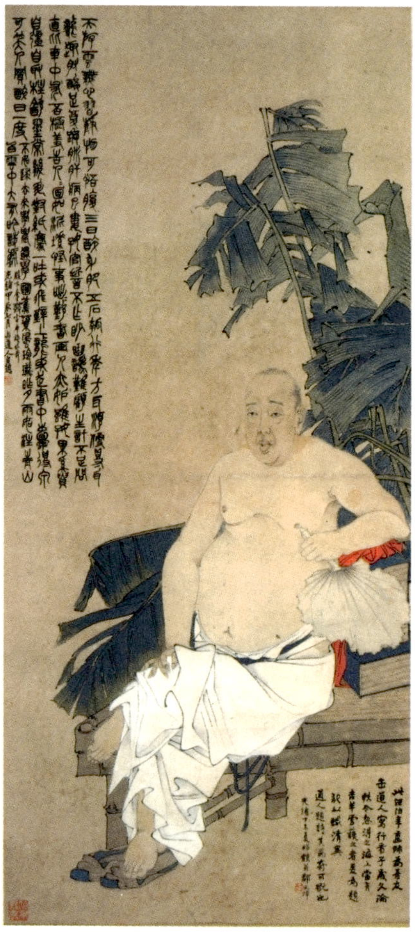

任伯年《蕉荫纳凉图》轴

面、册页之属为多，其中尤以黄君曼士所赠十二页为极致。今陈之初先生独具真赏，力致伯年精品如许，且为刊印，发扬国光。吾故倾吾积蕴，广为搜集附之，并博采史材，为之评传。

吾于1928年初秋居南京，访得一章敬夫先生之子，延吾往其家（玄武湖近）观伯年画。盖其父生平最敬伯年，又家殷富，故得伯年画颇多。记其佳者有《唐太宗问字图》，尚守老莲法，但已具后日奔逸之风。又《五伦图》，花鸟极精。又《群鸡》，闻当日敬夫以活鸡赠伯年，伯年以画报之者。此作鸡头为鼠啮，敬夫请钱慧安补之。均佳幅。惜敬夫人过于秘守，不肯示人，且至当时尚未付裱，故无从得其照片。

抗战之前，余闻陈树人先生言，其戚某君居沪藏伯年画达七八十幅，中多精品云。吾久欲往沪一观而未果，今已不可能，因树人已下世，无人为介，且亦不得主名也。

学画必须从人物入手，且必须能画人像，方见功力。及火候纯青，则能挥写自如，游行自在。比之行走，惯径登山，则走平地时便觉分外优游，行所无事。故举古今真能作写意画者，必推伯年为极致。其外如青藤、白阳、八大、石涛，俱在兰草木石之际，逞其逸致之妙。而物之象形，固不以人之贵贱看，一遇人物、动物，便不能中绳墨得自然法，而等差易其位也。当年评剧家之推重谭鑫培之博精，并综合群艺，谓之“文武昆乱一脚踢”。伯年于画人像、人物、山水、花鸟、工写、粗写，莫不高妙，造诣可与并论。盖能博精，更借卓绝之天秉，复遇渭长兄弟，得画法正轨，得发展达此高超境界。但此非徒托学力，且需怀殊秉。不然者，彼先辈之渭长昆季曷无此诣哉？

1928年夏，吾与仲熊同访堇叔先生。堇叔工韵文，而书学钟太博，亦是人物。曾无伯年遗作，但见伯年用吾乡宜兴陶土塑制其父一小全身像，伛偻垂小辫，状至入神。蒙堇叔赠伯年当年摄影一纸，即吾本之作画者也。堇叔于十年前病故，民国卅年（1941年）左右，其后嗣尚作与吾论证其先人之文。可见其后至今尚昌士也。

忆吾童时有一日，先君入城，归仿伯年《斩树钟馗》一幅，树作小鬼形，盘根错节，盖在城中所见伯年佳作也。是为吾知任伯年名之始。

计吾所知伯年杰作，首推吴仲熊藏之五尺四幅《八仙》，中之韩湘、曹国舅幅，图作韩湘拍板、国舅踞唱，实是仙笔，有同之初藏之《何仙姑》。吴藏尚有八尺工写《麻姑》，吾昔藏九老（今归前妻蒋碧薇），皆难得之精品。尚见一四尺，画两孩玩玻璃缸内之金鱼，价重未能致。又一素描册，经吴昌硕题，尊为“画圣”。若册页，则经予渊藏有十五纸，中有四纸可称杰构，已由上海某处精印印行。有正书局亦印出与吴秋农合册，中之八哥，可与之初藏之飞燕、鹦鹉、紫藤等幅相比。此等珠圆玉润之作，画家毕生能得一幅，已可不杇。矧其产量丰美，妙丽至于此哉！此则元四家、明之文沈唐所望尘莫及也！吾故定之为仇十洲以后中国画家第一人，殆非过言也。

伯年为一代明星而非学究，是抒情诗人而未为史诗，此则为生活职业所限。方之古天才，近于太白而不近杜甫。

与伯年同时代世界画家之具有天才者，如瑞典之左恩，西班牙索罗兰、伊白司底达，俱才气纵横，不可一世，殆易地皆然者。至若俄国列宾、苏里科夫，法国倍难尔，荷兰之伊司莱，德国之康普、李卜曼，瑞士霍特莱等，性格不同不得相提并论。

忆吾于1926年春，持伯年画在巴黎示吾师达仰先生，蒙彼作如下之题字（按：此段为法文，所录为法人译文）：

多么活泼的天机，在这些鲜明的水彩里。多么微妙的和谐，在这些如此密致的彩色中。由于一种如此清新的趣味，一种意到笔随的手法。并且只用最简单的方术，那样从容地表现了如许多的物事，难道不是一位大艺术家的作品吗？任伯年真是一位大师。

达仰，巴黎。1926年

达仰为近代法国大画家之一，持论最严，其推许如是，正可依为论据也。

1950年庚寅冬日，徐悲鸿写于北京八十七神仙残卷之居

编辑说明

《新中国捐献文物精品全集》是由中国文物学会主编、北京出版集团公司文津出版社出版的一套大型文物收藏类丛书。本套丛书首次将新中国成立以来各界人士捐献的文物精品汇集出版，以图文并茂的形式呈现给读者，并系统地论述了这些文物精品的价值以及捐献者的奉献精神和感人事迹等。

编辑在出版过程中发现书稿引文中存在一些比较特殊的情况，如：

1.不同作者的文章对同一事物的表述有出入；

2.同一篇文章中对同一事物的表述有出入；

3.引文中出现如今已很少使用的生僻字、词或专业术语。

出于对相关作者的尊重并保持原文的完整性，本套丛书将对上述情况不做硬性修改。

特此说明。